ほんとうの家族支援とは

子どものまわりにいるすべての先生方へ

上原 文 著
Uehara Fumi

すずき出版

はじめに　～今、一番難しい課題ではないでしょうか

　子どもに接する職業の人で、家族との連携に困っていない人は今、いないのではないでしょうか。

　〈子どものまわりにいる専門職支援〉を中心に据えて活動しはじめて4年を終わろうとしています。研修やコンサルテーションを通して、1年間に実数にして5000人もの幼稚園教諭、保育士、学校教諭にお会いします。そのどこでもこの話題が出ないことはない、といっても過言ではありません。

　〈落ち着きのない子〉〈気になる子〉が増えてきた…という現実やその対応については、拙著『あなたのクラスの気になるあの子』（鈴木出版）でも書きました（この本はその続編のようになっていますので、できれば、そちらのほうから読んでくださると、よりわかりやすいかと思います）。園や学校での工夫や配慮は、先生方もそれを実施することはできると思います。しかし親と一緒に工夫を重ねるということについては、かくも難しい時代になってしまうとは想像もできませんでした。

　それに本文にも書きましたが、ごく普通の子の子育てについても、あまりにも伝えられていない現実があります。そしてそのまま、国の施策もまた〈社会で育てる〉方向に

いきつつあります。ひとりひとりの〈心のよりどころ〉なしに〈社会で育てる〉だけでよいのでしょうか。私の実感ではこの職業についている人でそのことに危惧を抱かない人はいません。

　家族支援について、建前論ではなく、もっと実際的にお伝えするものが今ないように思い、迷いながらも執筆をはじめました。家族はFamilyであり構成する人、家庭はHomeであり、家族を含めての暮らし、快適な生活…などの意味になります。ですからこの本は『ほんとうの家庭支援とは』という題名のほうが適切かもしれません。

　35年間のソーシャルワーカー生活とその後の研究員生活を含め、理論だけでなく、実際の経験も含めて書きました。

　子ども・児童は家族・家庭の影響を強く受ける存在です。難しい課題なのですが、そこへのほんとうの支援なしに、子どもの未来は保障できません。

　ここに書いてあることを応用しながら、〈子どものそばにいる専門職〉の方々それぞれが、さらに工夫を重ねていただきますように願っています。

　前回同様、今回もコラムとして書籍や映画からの〝好きなことば・好きな場面〟をいくつかご紹介しました。

　子育てのことなど、本文を意識しながら選んでみましたが、皆様の感じ方はいかがでしょうか。

上原　文

もくじ

Part 1 現代の子どもたちをめぐる状況

落ち着きのない子どもの増加　**10**

子育てを難しくしているものとは何でしょうか　**13**

子育て支援策の現実　**16**

理想の行政システムとは（1）　**19**

理想の行政システムとは（2）　**22**

Part 2 親に伝えなければならないことはどんなことでしょうか

子どもは〈社会で育てる論〉より前に〈親からの受容〉がもっと大切　**26**

獲得しないと生きていけない〈心のよりどころ〉　**29**

親からうまく受容されなかった時（1）　**32**

親からうまく受容されなかった時（2）　**34**

親の受容の形　パターン❶　**37**

親の受容の形　パターン❷　**40**

親の受容の形　パターン❸　**44**

その子より他のものに気持ちがいく親（1） **47**

その子より他のものに気持ちがいく親（2） **49**

その子より他のものに気持ちがいく親（3） **52**

生活のリズムのほんとうの目的を伝えましょう **56**

子どもが緊張しやすい時を親に知らせてあげましょう **59**

手芸や手作りのお弁当などで、愛情を形にする提案を **62**

特に両親で働く保護者に伝えたいこと **65**

Part3 具体的な支援策をどのように伝えていけばいいのでしょうか

個人に伝えるよりグループに伝えましょう **70**

もっとツールを活かしましょう **73**

個別に伝える工夫 **76**

エピソードを入れ、具体的に伝えましょう **79**

家族支援は「個別化」（各家庭への判断）が原則（1） **81**

家族支援は「個別化」（各家庭への判断）が原則（2） **83**

家族支援は「個別化」（各家庭への判断）が原則（3） **86**

地域の絆は思い出になってしまうのでしょうか **89**

Part 4 特に発達障害が疑われる子どもの保護者に対してはどのように支援を考えたらよいのでしょうか

発達が遅れていることを親に伝える前に **94**

適切な助言とフィードバックが重要 **97**

障害受容のプロセスについても知っておいてほしい **100**

障害受容のプロセスを現代に置き換えて考える **102**

早期の支援の大切さ（1） **106**

早期の支援の大切さ（2） **108**

早期の支援の大切さ（3） **111**

早期の支援の大切さ（4） **113**

早期の支援の大切さ（5） **117**

暮らし方を伝えることが、ほんとうの家族支援 **120**

家の中・生活全般で行うアドバイス **123**

生活リズムの作り方へのアドバイス **125**

食事についてのアドバイス **129**

進路の相談を受けた時は **132**

目指すべき支援とは **135**

先輩から学んだほんとうの支援の実践 **137**

落ち着いて生活している家族（1） **140**

落ち着いて生活している家族（2） **142**

落ち着いて生活している家族（3） **145**

夢のような可能性を伝えることは…結局は家族を傷つける **148**

Part5 身につけておいてほしい必要な知識と技術

面談について（1） **154**

面談について（2） **157**

グループワークの基本から（1） **160**

グループワークの基本から（2） **162**

家庭訪問の重要性 **165**

関係機関のネットワーク作りのために **168**

園や学校でも参考にしてほしい、
社会福祉の世界における〝バイスティックの7つの原則〟 **171**

伝えることの難しさ～でも伝えていかなければならないのです **176**

❤思いがけない育児の日々～あとがきにかえて **180**

コラム 好きなことば・好きな場面

1 名言集『ONE PIECE STRONG WORDS』より **43**
2 映画「サンドイッチの年」より **55**
3 読み物『庭のつるばら』より **68**
4 皇后陛下御歌集『瀬音』より **92**
5 絵本『ピーターのいす』より **105**
6 読み物『神谷美恵子日記』より **116**
7 時代小説『ぼんくら』より **151**
8 小説・映画『スタンド・バイ・ミー』より **179**

Part 1

現代の子どもたちをめぐる状況

落ち着きのない子どもの増加
~どう支援していくかが切実な問題

　今や、落ち着きのない子の増加は一般の想像をはるかに超えています。そのことはこの本と同じ鈴木出版から2010年12月に出版した拙著『あなたのクラスの気になるあの子』にも詳細に書きました。私は今でも〈子どものまわりにいる専門職支援〉を実践研究のスタンスに添え活動しています。1年間に実人数で5000人ぐらいの保育士、幼稚園教諭、学校教諭にお会いします（延べ数ですともちろんもっと多くなります。なぜかといいますと、私はできるだけ具体的な技術を身につけていただきたいので、年間5回~それ以上のシリーズで研修を行う場合が多いのです）。

　依頼が非常に多いのですが、その背景にはその方々が感じる落ち着きのない子、気になる子の増加が顕著であるということがいえます。研修を聴いた人の誰もがそのことは否定しません。子どもというのは数値に表せないものですが、その現場実感は非常に重要です。

　そして様々な都市で30年以上行われてきた1歳半健診の通過率が、実に現在は、全体の半分前後の子が不通過で、フォローが必要な子であるといわれています。この延長線上に、幼稚園や保育園や学校でクラス担任の先生方の感じる落ち着きのない子が増えたという実感につながっていきます。

　その落ち着きのない子の中に、発達障害の裾野にいる子も当然含まれるでしょうが、愛情不足と思われる子も増えているのではないかという指摘があります。こちらの側面について、詳細に書

かれたものがあまりありません。先生に対して「こっちを向いて」というサインを出す子が非常に多くなっていて、このサインはどんどん大きくなっていくように感じます。私のように職種継続的に子どもを把握できる立場にいる職業からみて、1歳代から小学校期までを見通すとそれははっきりと実感できます。この子どもたちの状態というのはある意味、社会の未来にとっての危機ともいえます。国の施策は一番根本的なところに接近できずにいるのではないでしょうか。

　療育センターに35年勤務しましたが、広く子育て支援の観点から考えていくことや、子どものまわりにいる専門職への支援が必要だと考え退職しました。最初に感じた、そういう役割を担う人もシステムも皆無という事実は、退職後5年をすぎても変わりませんでした。

　今でも、教育委員会の専門職チームの一員として、依頼がある小学校を訪問し、講義とコンサルテーションを実施しています。世間では何かあると学校教員の力量や学校の姿勢のことを言いがちです。たしかに授業方法の工夫やひとりひとりの心への配慮は必要です。しかし正直言って、すでに小学生になってしまうと、学校からの発信だけでは、親にも子どもにも対応が難しくなるのは事実です。その前段階の心の階段をのぼっていないのではないか…と思われる子どもたちがたくさんいるからです。各学校でもそれは強く感じます。

　世間は発達初期の心の階段のことより、教育の方法などのところに焦点をあてた批判をくり返しがちです。多くの学者や研究者たちも自分の立ち位置からの意見が多く、なかなか発達の流れを

継続して見るシステムもありません。また現場に適した、具体的な意見が少ないように思います。トータルに判断して提言していくことが難しいことではあるのですが、今はそれが必要です。

　生まれて育つその継続的な生活の中で、子どもは家族や家庭の影響を強く受ける存在です。今はどういうわけか社会のほうに焦点をあてがちですが、一番身近な、そして長い時間所属する世界である家族・家庭へのほんとうの支援なしに子どもは育つのでしょうか。そしてその支援こそが今一番必要でありながら、子どものそばにいる専門職にとって一番難しい課題となりつつあります。

家族・家庭への支援こそ、子どもたちにとって一番大切

子育てを難しくしているものとは何でしょうか
〜考えられるいくつかの要因

　少子化、高学歴志向、塾、ゲーム、地域の希薄性、母親の孤立など様々な要因が言われます。しかしもっと根源的な赤ちゃんの頃からのことを考えてみたいと思います。

　30余年前と現在とを比べてみて、人としての第一段階である心の奥の自我の安定に必要な、〈受容されるということ〉の要素が大幅に減っていることに気づきます。いくつかあげてみます。

　まず布のおむつが紙のおむつになりました。布のおむつなら、1回おしっこをしても不快ですから、それを感じて「あーん、あーん」と泣いて訴えます。そして養育者が来て「あらあら、濡れたのね」などと言いながら対面でおむつ替えをします。これがおむつがはずれるまでに数千回ある…と言われています（個人差はありますが）。それが紙おむつになると自分で不快を訴えることはなく、おむつ替えの不快を感じないような構造になっているため、回数が大幅に減っています。紙おむつは外側から見て、線の色が変化することによって濡れていることを知らせるわけですから、自分で感じて養育者を呼ぶという機会はありません。自分の感覚器官に対する根源的な信頼、つまり深い部分での自分に対する自信のようなもの…が獲得できていないのではないか…ということはいえないでしょうか。記憶に残らないこの時期の自分に対する根源的自信は重要です。逆に、まさにここで獲得できれば、後年出会う数々の挫折などにも、また新たな経験に向かって立ち向かえるものであるといわれています。

それから接する機会が減っていても脳の奥のほうでは「繋がり合いたい」という本能（集団欲）がありますので、母親の困ることをして自分に注意を向けさせる子どもが多くなってきたことも事実です。ですから、現代の母親が昔の母親よりずっと育児の負担感があるのはたしかにその通りかもしれません。

　〈紙のおむつ〉になり、洗濯の手間がなくなり、育児は楽になるはずなのに、精神的にはむしろ苦痛を訴える母親が多いのも、単なる現代の母親のわがままということではないような気がします。園や学校でも先生を自分に向けたい注意獲得行動（乱暴なことばや行動などで、自分だけに注意を向けさせたい行動）のような発言や動きを強く見せる子が多くなっています。そのことでの集団のゆらぎも、今、保育・教育現場では大きな問題になっています。

　また、おぶいひもがなくなりました。触られることは快なので、子どもはできるだけ多くの面を養育者に触れて安定を得たいと思うようです。おんぶの習慣は理にかなっていたように思うのですが〈抱っこバンド〉は子どもの姿勢から見てどうなのでしょうか。また〈バギー〉も普及し、今では電車の中にもバギーで入ることができます。たしかに便利なのですが、子どもは母親に触れてはいません。電車の中のバギーで、「抱いてほしい」と不快感をあらわにしてぐずっている子をよく見かけます。こう考えると、昔は移動も家事もおんぶでしていました。そういう意味では触れる機会はとても失われています。

　また〈DVD〉の普及も気になるところです。保健師さんたちが家庭訪問をしてみると、ほぼ全家庭でDVDを見せているということでした。30年前もテレビはもちろんありましたが、朝や夕方

しか子どもの時間はありませんでした。多分、朝食のあと片づけや夕食の準備の時間だったのでしょう。朝の子どもの番組が終わるまでに後片づけをやっておこう、と母親たちは工夫したものでした。

今更「布のおむつにしましょう」とすすめているわけではありません。子どもが対面で母親に接する機会や触れる機会が大幅に失われているのではないだろうか…ということなのです。人は誰でも、自分がまるごと愛されている…という実感が心の安定につながります。小さい子どもであればなおさらです。文明の発達がそれをはばんでいるとしたら皮肉な結果です。

対面する機会が減り、愛されているという実感が得られない

子育て支援策の現実
～伝えるべきことが伝えたい人に伝わっていない

　国の指針をもとに、各自治体の福祉保健センターに子ども家庭支援課、あるいはそれに類似した部門が置かれています。行政でそれぞれできる限りの子育て支援が行われていることは事実でしょう。たとえば横浜市のＴ区は人口20万人。新しい都市計画で生まれた地域で、平均年齢は38歳で横浜市の中では一番若いです。つまり子育て世帯が多く住む地域といってもいいでしょう。区で配布されている子育てマップ（平成22年版）によると、まず福祉保健センター内に子ども家庭相談の窓口が置かれ、保健師、保育士、心理士、教育関係職が常駐していて相談にのっています。また妊娠中の母親教室の継続形としての赤ちゃん会が地域に15か所あります。子育て支援者のいる地区センターは8か所、その他にも公立保育園２園に子育て相談機能があり保育士が相談にのっています。他にもＮＰＯなどでも相談窓口があります。預かりに関しては社会福祉協議会で相談を受けています。Ｔ区は横浜市でもかなり子育て支援に力を入れている地域のように見受けられます。

　これで見てもわかるように、相談できるところは意外に豊富にあります。またこれは全国的な傾向ですが、各保育園に一時預かりの制度があります。幼稚園さえも預かりの制度を持っているところがほとんどです。逆にいえば子育て支援は今、預かりと相談機能が中心のように思います。

　もちろんそれも必要なのですが、ほんとうにそれだけでよいの

でしょうか。それに子育てを不安に思い、相談に行くような親に対してなら、まだ支援する手だてがあります。

　問題は、あまり疑問にも思っていない親たちが多いということです。子育ての基本的なことを〈伝えられる機会〉が驚くほど少ないのです。園や学校の先生がたえず研修している〈子育ての基本〉と〈心の発達について〉は、意外に当の親たちに伝えられていないのです。福祉保健センターやクリニックなどでの母親教室も、どちらかというと妊娠中の過ごし方や母乳などの相談などが中心で〈受容〉などについてはほとんど知らせることができない状態です。

　わずかに〈伝えられる機会〉としては、たとえば横浜市などで行われている赤ちゃん会などがそれにあたるでしょうか。もともと横浜市は保健師を中心に30年以上前から独特の子育ての地域活動を行ってきたところでした。自分の担当する地域に母親教室からの延長で赤ちゃん会を組織してきました。T区の子育て支援課の保健師はたった8人です。地方都市などから見ると保健師の絶対数が少ない中で、他にも多忙な業務を抱えながら、15か所の赤ちゃん会を組織しているのです。孤立しがちでグルーピングできない母親たちのために地域に拠点を作り（場所は公民館や地区センターであったりします）、そこで担当保健師が相談にのったり、子どもへの対応や遊び方を伝えたりする会です。近年これさえもかなりやりにくくなっている…という話を聞きます。グルーピングのためもあるのに、その会に同じマンションから誘い合って来る…といったことが少ないらしいのです。ほんとうはその赤ちゃん会は、いずれ保健師さんたちがいなくても自分たちで運営していってほしいのですが、よほど力量のあるリーダーがい

ないと空中分解してしまうことがあるといいます。また参加は任意です。正確に人数はわかりませんが、6、7割の母親が参加するらしいのですが、ここに参加しない人はどうなっているのかも気になります。

　ましてこれだけ働く母親が増えると、そういうものにも参加しない母親も多いでしょう。子育てについての情報は、ほとんど伝えられないといっても過言ではありません。それぞれの自治体でもっと取り組んでほしいシステムや内容については後述するとして、いかに就学前の園などで発信することが重要になっているかわかるでしょう。ただ〈相談と預かり〉のシステムだけでよいのでしょうか。それも大切なのですが、実はもっと根本的に〈伝えていかなければならないこと〉があるように思います。

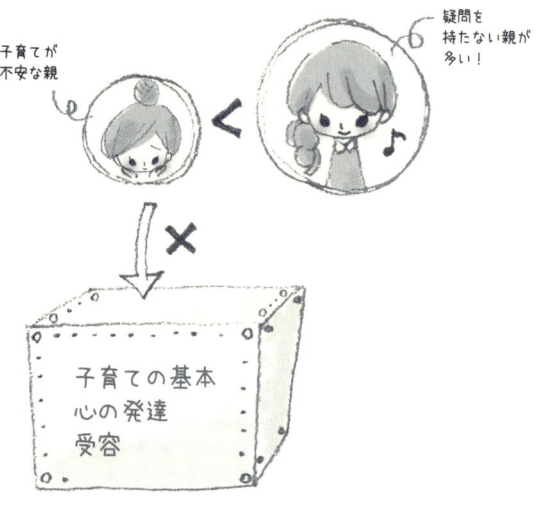

相談に来てくれるならいいのですが・・・

理想の行政システムとは（1）
～保健師さんの活動はキーポイント

　子育て支援策は今はどこでも取り組んでいます。しかし、〈伝える〉というシステムが、ないのではないかということはすでに書きました。それでは私の立場から、理想的にはどのようなものがあればよいか、通常の子育て支援について一応書いてみます（発達障害の疑いのある子に関しては、またPart4-p.94～で書きます）。

＜保健師の新生児訪問はキーポイント～横浜の保健師活動から＞

　国の基準に対してその市独自の考えで保健師を加配しているところもありますが、保健師の数は都市によっては圧倒的に足りません。横浜市では人口20万人の区で子ども家庭支援課の保健師は8人です。

　実は子育てに関して言えば、この保健師さんの活動はとても重要なのです。一番はじめに出会う専門職であり、すべての不安や相談の水先案内人でもあります。幅広い知識が必要ですし、いろいろな場面を構築していくこともします。また子どもに関する様々な機関をつなぐキーパーソンにもなります。加えて幅広い医学的知識もあります。国にもっとその重要性を認識してほしいと常に思っています。私は地方の保健師さんの研修にも数多く関わっていましたので、その経験から言いますと、なかなか地域を把握する役割を発揮できていないところもあるようです。それはその都市の行政にも、また保健師さん自体にも責任があるような気がします。

療育センターに勤務しはじめた23歳の頃から、保健師と活動を共にしてきた私は、横浜の保健師活動が、特に全国の中でも特筆するべきものであった、と今あらためて思います。その少ない人数で最大限の活動をしてきました。横浜独自の健診への取り組みなどは、関係機関から〈世界一〉と言われるほど細かく取り組んでいました。大都市でありながら、今でも受診率が95％前後という数字を見てもわかります。健診は未受診の家族に問題がありがちなのですが、事務係も含めて未受診の親への働きかけなど、たんねんに行ってきた成果だと思います。今でも把握率は100％といいます。そして受診率だけではなく、さらに注目するべきは健診内容の工夫により、リスクがある子への見落としがほとんどない、という点です。健診は「受けたのに見落としてしまった」ということが一番問題なのです。

　さらに気になるところがある子どもの親に、何をどのように伝えていけばよいのか…という受け皿や内容の方法論が必要なのですが、このことについてはPart 4の〈特に発達障害が疑われる子どもの保護者に対しては〉の中で書いていきます。

　発達障害が疑われなくても、どのお子さんであっても、まず保健師さんの新生児訪問が鍵になります。地方都市であれば人口が少ないのですから、ぜひ全数把握してほしいです。横浜市では私は第一子だけでもいいから訪問してほしいと伝えてきました。ほんとうは新生児訪問担当の助産師さんや保健師さんが、また別にいるのです。しかし、なんといってもその地域を担当する保健師さんが、子どもがいる家庭を把握し、その家庭に担当保健師の存

在を知らせるということが大切なのです。〈顔見知りになる〉ということなのです。もし何か問題が起きた時「お母さん、あの時の＊＊ですよ」というこのひと言が、どんなに母親を救うでしょう。

　保健師さんが総合的に判断し、必要なところにつなげていくのです。保健師活動について、紙面の都合で詳細は書けませんが、意識的な保健師さんであれば、様々な機関を把握していますし、自分の地域の子どもに関する場（保育園、幼稚園、学校）とは連携しているはずです。みなさんの園や学校でもぜひ、その地域の担当保健師さんと連携をとっておいてください。まず〈顔見知り〉になっておくこと、親や子どもを保健師さんと連携しながら支援することはとても重要です。このことはまた後の章で書きます。

子育て支援のキーパーソンである保健師さんと
顔見知りになっておく

理想の行政システムとは（2）
～伝えるべきことは遅くとも２歳代までに

　１歳半健診の重要性に関しては拙著『あなたのクラスの気になるあの子』（鈴木出版）でも書きました。発達について疑問がある場合に、日常生活の取り組みはできるだけ早くはじめるべきであり、それはどんな意味を持つのかということなのですが、これについてももう一度、Part4で後述します。

　しかし、発達障害ということではなく、すべての子にとって、２歳までに子育ての基本、〈受容〉の大切さについて伝えるべきであり、その観点からいっても１歳半健診は重要であるといえます。ですからこの健診後、そういったことを伝えるシステムも行政にほしいと思っています。

　もちろんほんとうは、それ以前に伝えたほうが効果的です。この２歳までにというのは〈遅くとも、２歳代までに〉なのです。

　なぜなら親が子の〈あるがままを受容する〉ためには、子どもの年齢が低いほうが、取り組みやすいからです。自我が芽生える３歳前後の第一次反抗期や、小学校高学年ぐらいから、ほんとうの自分をつくりはじめる第二次反抗期になって〈あるがままを受け容れる〉といってもなかなか難しいものがあります。ほんとうは、〈自我〉が芽生え、親の付属物ではなくなったというおめでたい事象なのですが、日常生活では現実、結構可愛くない場面も出てきます。そういう意味で〈遅くとも、２歳代までに〉ということになります。

　ある地方の都市で、保健師からの依頼でこの試みを実施しまし

た。当時人口6万人ぐらいの小さな市でした。

　生後6か月までの赤ちゃんがいる全家庭に、市が〈両親勉強会〉を作りました。4月〜9月までに生まれた子の両親、10月〜3月までに生まれた子の両親を集め、10月と4月に年2回行うのです。

　小さい市ですので、日曜日に、市役所の職員総出で、別室で赤ちゃんを預かり、両親そろって講義を受けます。依頼された私は、年2回その市に出向いていました。この会を、よくある有名人の独特の子育てを聴く講演会のようにしなかったのはよかったと思います。特別な子を育てた人の講演会は、また別の機会でよいのです。やはり〈基本的なことを伝える〉ということが必要なのです。

　椅子だけではなく机を用意していただき、メモを書き込めるレジュメを用意しました。きっと両親とも久しぶりの〈勉強会〉だったでしょう。細かいようですが、このようなセッティングはとても大切です（私は園や小学校で保護者勉強会を行う時も同様にしていただいています）。

　生後6か月までに、というこの時期も成功したと思います。おなかの中にいる時に聴いても、実感はいまひとつ持てないでしょう。もっと大きくなってからは（取り返しがつかないわけではありませんが）、受容するために少し両親側に努力が必要です。生後6か月までだと、ほぼ無条件で受け容れることができる時期です。その時期に、受容の大切さを〈わかりやすく〉〈具体的に〉伝えることは、これからの育児の指針になります。

　また、やや難しくなる第一次反抗期の特徴と接し方も、この時期に予告しておくとよいと思います。理論もわかりやすく伝えま

すが、日常生活の場面に応用しながら伝えることが必要なのです。楽しくユーモアを交えながら、どの両親にもわかる話をするのです（後述しますが、こういう講義術は関係者にぜひ身につけてほしいところです）。

育児は必ず理想通りいかなくても、あるいは感情にまかせて叱ってしまった時でも、「しまったなあ」と立ち戻れるかどうか、なのです。今はここを省いた講義や本や施策が目立ちますが、〈基本は伝える〉、という機会はぜひほしいです。

その市でも市長が替わり財政見直しがあり、関係者が強く希望したにも関わらず、これが取りやめになりました。

子どもに関してのことは数値にあらわれにくい、予算が立てにくい代表的な項目です。関係者の、しっかりとした理論と粘り強い取り組みが鍵になります。

親に伝えたい！ 日常生活の取り組みは、早くしないとどんどんむずかしくなる

Part 2

親に伝えなければならないことは どんなことでしょうか

子どもは〈社会で育てる論〉より前に〈親からの受容〉がもっと大切

　体の育ちについては段階があります。発達の順序があります。首が座らないうちに歩き出す子どもはいません。そのことは誰でも知っています。しかし心の育ちにも歴然として段階があるのです。

　このことはあまり知られていません。体の発達は目に見えやすいものですからわかりやすいのですが、心の発達は目に見えにくいので、一般にはわかりにくいのでしょう。心の発達も順序があり、最初のところを踏み外すと、次に進みにくくなり、なんらかの形で残っていきます。このことは多くの心理学者が研究し指摘してきたことですし、先生方も学生の頃から何度も学んできたでしょう。しかし今、一般の母親たちにはこのあたりが伝えられていないということはすでに書いた通りです。これは大きな問題です。

　この頃〈子どもは社会で育てるべき〉論が先行し、様々な国の施策もそこが中心になっています。それから前項で述べたように、非常に育児がしにくい社会的構造があるからかもしれません。そのために、この心の発達理論を主張しにくい状態になっているような感じがあります。

　たしかに、脳の奥のほうには本能を司るところがあり、本能のひとつに〈集団欲〉というものがあるということは、よく知られています。人間は仲間とつながり合って生きる動物なのです。そのために学者によっては、早くから集団に入れるのがよい、という主張をする人がいます。しかしその前に〈個・自我〉の確立、もっとわかりやすくいうと〈その子自身、その人自身の深い部分での

安定〉、が絶対的に必要なのです。その段階が今は忘れさられているように思います。ある意味、ここが人生で一番重要な段階といえるかもしれません。ここがうまくいかないと、うまく集団に入っていけませんし、結局一生この安定を求めてさまようことになります。

　それではその〈自我の安定〉はどうしたら得られるのでしょうか。最もシンプルに〈ありのままを受け容れてもらった時〉です。誰に？　基本的には母親にだと思います（残念ながら、母親がいない場合はそれに変わる人なのですが）。近年父親の育児のこともクローズアップされています。もちろん父親の育児参加は大切です。しかし根源的にはまず母親に受容されることが必要と思います。何といっても匂いが違います。新生児がぐずる時、母親が抱くと、たいていの子は黙ります。あれは〈匂い〉なのではないのでしょうか。赤ちゃんの聴覚や味覚に比べ、嗅覚の研究はあまりされていないようなのですが、多分確認しにくいからだと思います。しかし母乳をしみこませた綿と他の綿での実験では、確実にかぎわけている…という結果もあります。嗅覚を感じるところは扁桃体につながっています。その扁桃体は感情を司るところでもあるのです。

　お母さんたちには自分の子どもの匂いがわかるでしょう。私も子育てをしている時、たしかに自分の子の匂いがありました。他の家の子とは匂いが違うのです。子どものほうではもっとお母さんの匂いを本能的にかぎわけていて、それで安定できるのかもしれません。こういった観点についてもっと考えてもいいのではないでしょうか。大好きな匂いを持つお母さんに否定された人生は、

どんなものなのでしょうか。匂いだけではなく、声のトーンや体の柔らかさなど、赤ちゃんが感じる〈お母さん〉からの安定感は、もっと強調されてもいいのではないのでしょうか。

　「お母さんに否定されれば世界に否定されたと同じ。お母さんに受け容れてもらえば世界に受け容れてもらったと同じ」このことはもっと伝えられてもいいと思います。今、かつての母性神話批判の延長なのか「お母さんに育児を押しつけないで」という主張だけがクローズアップされています。私は「お母さんが大切なんだよ」と伝えて、その上で、「お母さんだけで苦しまなくてもいいように、いろんな制度や施策がありますよ」というふうに伝えるべきだと考えます。父親や周囲は、育児をする母親を安定させることが、まず大切な役割だと認識するべきだと思います。

大好きなお母さんの匂い、子どもの匂い…
本能的な感覚はとても大切

Part2　親に伝えなければならないことはどんなことでしょうか

獲得しないと生きていけない〈心のよりどころ〉

　その子、その人自身の心の奥底の安定感がなければ、人とつながり合うのは難しいのです、ということを前項で書きました。

　心の発達の階段はその次からもありますが、順調にその階段を上って子どもから大人に成長する時に、自分を作り直す段階がきます。そこがいわゆる〈アイデンティティの獲得の時期〉といわれる思春期です。人の目を通して自分を作り直す時期です。アイデンティティは、心理学者であるエリクソンが一番はじめに言ったことばとして知られていますが、専門的には〈自我同一性〉と訳されています。これはとても難しいことばです。私はある俳優が訳した〈心のよりどころ〉という訳し方が一番合っている気がするので、それを使っています。どこかでアイデンティティということばに出会ったら〈心のよりどころ〉と置き換えてみるとよくわかります。この〈心のよりどころ〉が獲得できるかどうか、は大変重要な問題でもありますが、第一段階がクリアできていないと、当然ながらここまで到達できません。

　人間は〈心のよりどころ〉がないと生きていけません。エリクソンはいろいろな国の育児を研究しました。彼自身、母がユダヤ系、父がデンマーク人、そして成人するまで住んでいたのはドイツでした。どの仲間のところに行っても居場所が得られなかったという経験から、アイデンティティということばの大切さを身を持って知ったのかもしれません。ヨーロッパからアメリカに渡った経過からか、特にアメリカの育児について熱心に研究したといわれています。

アメリカという国は、いろいろな意味で特異な状況にあるせいか、精神医学的にも注目されている国です（DSMというアメリカ一国の精神医学会の診断基準が、世界のグローバルスタンダードになっていることを考えても、それが言えるのではないでしょうか）。原住民がいましたが、たちまちのうちに多くの国から移民が入りました。最初に開拓をはじめたのは清教徒の人たちであるということは知られています。この人たちは、せっかく開拓をして新しい国をつくるのだから、自分たちの子孫には強い大人になってもらわないと困る…という意識があったからか、非常に厳しい育児をしました。3時にミルクをやったら6時までは泣いても騒いでもミルクをやらない…という定時授乳のようなやり方です。またおんぶや添い寝の習慣もありません。今でもそのように厳しい育児の伝統がありますし、育児法でさえマニュアル化する印象があります。

　ところが強い大人をつくるはずであったのに、逆に〈心のよりどころ〉が得られない不安定な人をたくさん作り出してしまったのではないか…といわれています。〈心のよりどころ〉のなさが、結局、依存対象を求めて彷徨う、いわゆる〈依存症〉の多い国であることも知られています。〈アルコール依存〉、〈薬物依存〉、なども多いため、その施設も多く、回復プログラムも徹底しています。そのプログラムがきちんとしている、ということをほめたたえる人がいますが、私としては最初のボタンを掛けちがって、問題が大きくなりすぎているから、逆にきちんとした対策が必要だったのではないかと考えています。虐待もかなり大きな問題で、そのための法律は非常に厳しいです。安定剤や入眠剤を日常的に

Part2　親に伝えなければならないことはどんなことでしょうか

使用する人がとても多い国であることは、よく知られていて、コンビニにもそういった薬が売られています。

1971年、実に40年も前に出版された『さびしいアメリカ人』（桐島洋子・文春文庫）という本があり、こういった状況が詳しく書かれています…精神医学的見地から言っても、まさにその通りですし、今はもっと大変な状況になっていることも、想像にかたくありません。現代の日本人の状況がそれを追いかけている…といっても過言ではないのでしょうか。

この〈獲得しないと生きていけないもの＝心のよりどころ〉について、もっと論じてもよいのではないか…と私は思っています。

人は"心のよりどころ"を得られないと生きていけない

親からうまく受容されなかった時 (1)
～ その影響がその子自身に出てきてしまった場合

　その子、その人自身に出てきてしまった時は、各種心身症のような形で出てくる場合があります。心身症は〈しんしん〉と2つ同じ音が続きますが、心のほうを先に書きます。心のことが原因で体に出てきてしまった状態、を言います。

　様々なものがありますが、子どもに関して言えば、たとえば次のようなものが言えるかもしれません。

　根が浅いほうから順番に書きます。指しゃぶり、爪かみ、(排泄が自立してからの)おもらし、夜尿、頻尿、チック、吃音、体の痛み、吐き気、拒食や過食、などなど。です。

　体質もありますし、それぞれの神経の容量のようなものもありますから一概には言えないのですが、概ねそのようなものに代表されます。指しゃぶりや爪かみのようなものは心身症に入れなくてもよいのかもしれませんが、いずれにしろ、心の負担の置き換えではあります。体の痛みや吐き気のようなものを訴えるあたりから、登園しぶりや登校しぶりがはじまります。

　子育て下手の親というのは〈子どもの未熟さ〉を理解できていない人と言えます。子どもは未熟な存在です。幼児教育の〈専門家〉も、かなり子どもの無限の可能性のことを強調しがちです。子どもの力を過信している人が多いのです。

　しかし子どもというのは、可能性は無限かもしれませんが、本来、未熟な存在です。どこが未熟なのでしょうか。子どもは〈精神機能と身体機能がうまく分化していない〉という点で、決定的

Part2　親に伝えなければならないことはどんなことでしょうか

に大人とはちがいます。親たちに伝える時、私は「心と体がうまくわかれていないのですよ」と伝えます。しかしこれだけでもよくわからないでしょう。心と体がうまくわかれていない…ということは、現実にはどういうことなのでしょう。

　子どもは〈悩み〉とか〈ストレス〉というような語彙を持っていません。たとえば怒ってばかりいる親に育てられている子どもは「いやだなあ」という漠然とした気持ちはあっても、それを〈悩み〉として自覚できません。自覚できないから解消の手段がないのです。ですからすぐ体に出てきてしまうのです。

　大人は悩みとかストレスという語彙がありますから、今困っていることを自覚できます。ほんとうはその悩みそのものを、解決するのがよいのですが、解決しなくても、解消の手段はいろいろあります。たとえば「ねえちょっと聞いてよ」などと友人に話すことによって解消したり、好きなテレビを観たり、テニスをやったりして、しばし解消につとめることができるのです。

　そもそも心や神経の疲れは、どのようにすると解消できるでしょうか。体の疲れは睡眠をとることで解消できます。しかし心や神経の疲れは睡眠をとるだけでは解消できません。疲れている神経からまったくちがう場所の神経を使うようにすると、本来疲れているところを使わなくなるので休まるのです。これがストレス解消といわれるものです。毎日数字の仕事をしている人が休日にゴルフをする…というと、まったくちがう場所の神経を使うために、本来疲れているところを使わなくなるから、そこが休まるのです。実は神経のメカニズムとして、疲れると離れたところを使いたくなるものです。試験が近づくと、急に部屋の掃除をした

くなったり、急に本を読みたくなってしまったりする経験はないですか。そういうことなのです。つまり置き換えです。何かがあって指をしゃぶったり爪かみをしているのですから、その〈何か〉の解決がなければ、それはやめられないでしょう。気管支炎になって咳が出ている時、表面上は咳しか見えないので「咳を止めなさい」と言っても気管支炎が治らなければ咳は止まりません。それと同じです。

　子どもは小さなことでも解消の手段がないので、すぐ体に出てくるのです。しかしそれは逆に何かがあるサインでもあるといえます。

　大人でも、大きな悩みは体に出ます。そのことを考えて夜眠れないと、次の日、頭痛や腹痛があったりします。

親からうまく受容されなかった時(2)
～ その影響が外に向かって出てきてしまったと思われるもの

　こういう言い方が正しいかどうかわからないのですが、各種非行と言われるものがそれにあたるのではないか、と思われます。

　本来、人は自我が安定していさえすれば、目に見えない価値観の共有のようなもので人と結びつきます。このタイプの子たちは結びつきを拒否しているのではなく、結びつこうとはしているのです。しかしやはり自我が未成熟なために、強い接着剤が必要で、それがスリルやスピードの共有なのであろうと思われます。そういったことを媒体にしないとつながり合えないともいえます。

　万引き→薬物→暴走などなど。万引きはする時はひとりですが、必ず成果を仲間に見せ合い、そのスリルを共有します。薬物も暴

走も基本的にひとりではやりません。成人式の時のあの派手な金ぴかの衣装で騒ぎ、乱暴をするあの集団も。ひとりではなく、あのようなことを共有することで成り立っています。

　子どもは自分だけが愛されたいのです。親の気持ちが他に向くと、こっちを向かせたい…という気持ちになります。母親が長電話をはじめると、急に子どもたちは「こっちを向いて」と言わんばかりに大騒ぎをします。成人式や暴走をするあの集団は、小さい頃、園で、わざと先生の困ることをして気持ちをひいていたあの子たちと同様です。いわゆる注意獲得行動と言えるでしょう。

　ある公立中学で制服を改造したものを着ていて、いつも授業に参加せず問題行動を起こしている群がありました。参観日には廊下で爆竹を鳴らします。真面目な子の親たちは「何もあんなにまでして学校に来なくてもいいのにね。授業を真面目に受けている子たちがかわいそう…」なんて話していました。あの子たちは基本的に不登校の子どもたちとはちがいます。むしろ学校に来たいのです。来て注目を浴びたいのです。

　こういう荒れた子がいる中学などの場合、社会は学校教育のことを批判しがちです。たしかに学校教育も大切です。しかし、すでに一番最初の心の階段を踏み外してしまっている子に、中学の教育だけを問題視するのはちがうのではないか、と思います。土台ができていないのに、屋根の部分だけ直すことはとても難しいと言えます。

　保健室の先生方はよく「あの子たちって個人的につき合うといい子たちなんですよ」と言います。たしかにそうなのです。自分を受け容れてくれる人には従順であったりします。愛情がとても

ほしくて、それをどのようにあらわしてよいかわからないのだともいえます。小さい頃の「見て、見て」の行動がずっと満たされず、拡大したものといえなくもないでしょう。心のよりどころを求めている行動といえます。

　成人式のあの大騒ぎのような注意獲得行動がそれだけではおさまらず、もっと人に迷惑をかける犯罪や傷害にまで発展していく可能性もあります。p.32から書きました、うまく受容されなかった時、それがその子自身に出てきてしまった場合の一番困る状態は自殺でしょう。

　こちらの外側に出てきてしまった場合の一番困る状態は殺人などでしょう。

　このように論じてきましたが、現代はこれも混沌としている気がします。このようにふたつにクリアカットされないような気がします。

　殺人事件そのものは、件数は昔のほうが多かったそうです。しかし、それは因果関係が少なからずあったものといえます。〈お金がほしい〉〈憎悪〉などなど。しかし今の殺人は、因果関係が感じられない独特なものです。無関係の人を殺してみたかった、などとおよそ罪悪感のようなものがない、不思議な殺人が多いともいえます。またちょっとしたことで爆発してしまうのも特徴といえます。日々メディアで伝えられる罪悪感のない、ひどい虐待なども、この子たちがそのまま大人になった結果ともいえるのではないでしょうか。

　子どもは将来大人になるということを、施策を作る人たちにも意識していただきたいと思います。

親の受容の形 パターン❶
～怒りやすい親から愛情を感じるのは難しい

　子どもは一番シンプルな、基本的な可愛がられ方が好きなのです。抱っこやほおずりをしてくれる人、話を聞いてくれる人、遊びの相手をしてくれる人、そういう人が好きなのです。子育ては一生ですが、そういったことで愛情を示すことができる年齢までが特に大切であり、また取り組みやすいといえます。それをぜひ保護者に伝えてあげてください。中学生になって抱っこやほおずりはもちろんさせてくれません。

　「あなたを愛してるから怒っているのよ」とか、また保育園の保護者に多いのですが、「私の後ろ姿を見ればわかってくれるはずです」という言い方のように、ちょっとひねりのある愛情の示し方や複雑な表し方は、ほんとうは子どもには向きません。後ろ姿ばかり見せている人から、どうして愛情を感じることができるのでしょうか。「それは大人になったあなたがそう考えているだけのことでしょう」と私は言います。お母さんの勉強会などで「あなたは就学前のことをどのぐらい覚えていますか」と私が質問します。たいていの人は断片的にしか覚えていないものです。大人のような口をきいていても、子どもというのは未熟な存在であることを自覚したほうがよいと思います。未熟な存在であるからこそ工夫が必要なのです。

　またこれもよくお母さん方の勉強会で伝えることなのですが、夫婦関係は母子関係よりある意味、根は浅いものであるということです。離婚すれば他人です。しかし母子関係には離婚はありま

せん。母子は夫婦より深いし、基本的なものともいえます。だから私は「みなさん方の、夫から言われたら嫌だなあ…ということばは、子どもには絶対言ってはいけないことばなのですよ」と言います。〈怒りやすい親〉とホワイトボードに書く時、その横にカッコをして（夫）と必ず書いておきます。「怒りやすい夫から愛情を感じることはできますか？」とつけ加えて言います。

　それではしつけはどうしたらよいのでしょうか。後述しますが、まず小さなことの積み重ねで、親と子の信頼関係を築くことのほうが先であるということなのです。日常的に、お母さんがしてあげたら喜ぶこと、小さなこと、ささいなことを積み上げるのです。お母さんがよりどころであり、安全な心の基地になれば、その大切なお母さんが困る場面では、子どもはちょっと我慢ができるようになるのです。そう、だから日常的に小さな受容が工夫できているかが、しつけより先なのです。それができていないと、お母さんが一番困る場面で、要求を通そうと大騒ぎをします。駅やおもちゃ屋さんの前で大騒ぎしている子をよく見かけますが、多分そういうことだと思います。

　日常的な信頼のようなものがあれば「ちょっと待っていてね」とか「今はだめよ、＊＊が終わってからね」などというお母さんのことばが聞けるようになります。気質もありますから個人差はあるでしょうが、基本はそのようなものです。

　また怒りやすい親は、段取りが悪い親でもあります。園の先生から、親に「理不尽なことで叱ってしまった時、必ず立ち止まってみてくださいね」と伝えてあげましょう。「もしかしたら、先に＊＊をやっておいたら、怒らなくてもすんだかもしれない…って

順序や段取りを工夫してみてくださいね」などと伝えてください。要するに叱ることをエスカレートさせないことだと思います。あまりにも平気で叱る親が多すぎます。

　もし叱ってしまっても「しまったなあ、叱っちゃったなあ」という気持ちが大切だと思います。また取り返しのつかない叱り方は絶対してはいけないことも伝えなければなりません。「あなたなんか生まれてこなけりゃよかったのよ」とか「弟のほうがずっとかわいい」などという言い方です。このようなことばは、虐待防止法にふれる心理的虐待ともいえることばなのです。

　子どもが難しくなってからではなく、子どもを自然に受容できる時期に、この基本を伝えておきたいものです。

あまりにも平気で叱る親が多すぎる

親の受容の形 パターン❷
～表現力の乏しい保護者は子どもに不安を与えてしまう

〈怒りやすい親〉というのは、はたから見てもわかりやすいものです。一方、意外にわかりにくいのが〈あっさりしすぎる親〉です。子どもにとって受容どころか拒否されているような気持ちになります。

たとえば私の日頃の仕事の例から書いてみます。講義や研修はひとつのコミュニケーションのレッスンでもあると私は考えています。ですからこれから話す内容をわかりやすくするために、必ず手元に書き込めるレジュメを用意しますし、できるだけパワーポイントなどに写真などもいれます。また話す技術もたえずわかりやすく工夫しています。少し専門的なことであっても、必ず身近な日常生活に置き換えて話すようにしています。内容が非常にシリアスなものであっても、あいだにほっとできるようなエピソードやユーモアを入れるようにしています。理解していただけたかどうかを判断するためのものでもあります。そして受講者の表情をよく観察しながら、理論の置き換えをさらに工夫します。ところでその講義の２時間のあいだ、まったく表情が変わらない人がいます。どんなに表現を変えたり、ユーモアを入れてもまったく変わりません。「何か怒っていらっしゃるのだろうか…。それともこの講義を最初から最後まで否定的に聴いているのだろうか…」と私のほうが不安になります。

もともと私はソーシャルワーカーで、個別の相談は私の職業の中核でもありました。特に療育センターの相談員は、「我が子に

障害があるのかもしれない…」という緊張感の強い保護者を対象に行いますから、ことばには非常に気をつかいます。こちら側のひとつひとつのことばを、この保護者はどう捉えたのだろうか…と表情を観察しながら、慎重に行います。また保護者の表情も大切な判断の材料になります。つまり私はもともと〈表情を読む仕事〉をしているともいえます。

　その私でさえ、その受講者の表情がまったく読めなくて不安になるのですから、子どもはもっと不安になるのではないでしょうか。常々、幼稚園、保育園、学校の先生などの表情について、「もっと豊かに」という指導をするのはそのためです。もちろんパフォーマンスがありすぎて、子どもたちの頭を騒がせてしまうのもよくありません。しかしこちらが話している時、無表情で聴いている先生方に、自分が受け容れられたという気持ちはなかなか持てません。子どもたちひとりひとりが、受け容れられた…という感覚が持て、ひとりひとりが先生と信頼関係が持てる授業は、先生の表情が決め手になっています。わかりやすい授業方法はもちろんのことですが、先生の自然な温かい表情は、上手な授業の大きな割合を占めます。先生方も懇談会などの時、能面のような親に対しては緊張するでしょう。ニコニコと頷きながら聴いてくれる保護者を頼りに話すのではないでしょうか。

　長い例を書きましたが、母と子にとっては非常に重要なことです。子どもを前にした母親たちの表情は、大きな栄養のひとつといえます。普通の表情を〈ゼロ〉、怒る表情を〈マイナス〉、ニコニコする表情を〈プラス〉とすると、ゼロかマイナスで暮らしている母親の多いこと…。「プラスの表情が大切ですよ」と保護者

に対して伝えてください。特に朝やお迎えの時はプラスでいてほしいと思います。ひとりひとりに指摘するのは難しいので、懇談会などの時、この表情のことはぜひ話してください。懇談会などにおける先生の立場からのエピソードなども交えると、わかりやすいかもしれません。

　子どもが何かことばや意見を言った時、あいづちを打ちながらニコニコ聴ける母親でしょうか。お迎えの時、自分は疲れていても温かい表情で子どもを迎えられるでしょうか。小さいようですが、とても大きな問題です。それが大きな受容の形のひとつでもあります。そして、送迎時や授業参観でみる先生方の表情が、親たちの無意識なモデルになっていることも忘れてはいけません。

親の表情はとても大切。先生の表情はそのお手本

好きなことば・好きな場面 1

【いいかい、優しいだけじゃ人は救えないんだ!!!】
（名言集『ONE PIECE STRONG WORDS』より）

　ワンピースは実に 65 巻（2012.2 現在）発売され、驚異的な刷数を重ねているコミックです。「海賊王に俺はなる!」の少年ルフィを中心にたくさんの登場人物が折りなす物語です。少年漫画という域にとどまらず、主人公たちが出会うできごとのたびに、忘れられない人生の機微にふれることばがあります。印象的に胸に残るワンピースの箴言の数々をまとめたのが、この『ワンピース・ストロング・ワーズ』です。

　「いいかい、優しいだけじゃ人は救えないんだ!!! 人の命を救いたきゃ、それなりの知識と医術を身につけな!!! 腕がなけりゃ誰一人救えないんだよ!!!」(第二章 覚悟の言葉 p.73 より)

　チョッパーがその優しさで救おうと思って恩人に与えた薬は、まちがった薬だったのです。女医 Dr. くれは（なんと 139 歳だそうだ）は涙ながらにこのことをチョッパーに教えてくれたのでした。

　これはどの職業にも通じることばです。優しさだけではなく技術と知識が伴わない限り、ほんとうの優しさを発揮することはできないものです。特に教育、保育、福祉に携わる人に、ぜひこの場面を知らせたいと思いました。もちろん私自身にも。

　2011 年 3 月の震災のあと、ある町でテント商店街を造ったと TV が伝えていました。本屋さんは本を失った子どもたちのために、いち早く『ワンピース』のセットを作って売ったそうです。子どもたちからは、久しぶりに自分のお金で本を選ぶ喜びで歓声が上がったとのことでした。未来をつくっていく子どもたちに、きっとたくさんのメッセージを与えたと思います。それは他のどんな支援のことばより力強かったにちがいありません。

出典:『ONE PIECE STRONG WORDS（上巻）』
尾田栄一郎／著　内田樹／解説　集英社新書 ヴィジュアル版

親の受容の形 パターン❸
～否定的なことばかけからはじまると…自信をなくす

　とにかく精神的にも物理的にも几帳面な人がいます。完璧主義の人です。きちんとした人というのは、たしかに人間としては長所なのだろうと思います。しかし子育ての上では短所になりかねません。程度がとても難しいのですが、子どもというものは不完全なものである…というところから出発したほうがよいのではないか…と思います。もちろん何もかもルーズであればいい…ということではありません。

　たとえば、私たちが家庭訪問をする時に、予告訪問なのにあまりにも散らかっている家も気になりますが、育ち盛りの子がいるのにあまりにも片づきすぎている家も気になります。家庭訪問があるから、慌ててある程度片づけた…という家がまあ健康かもしれません。

　完璧主義の母親は子どもに対して必ずネガティブなことばかけからはじまってしまいます。たとえば子どもが一生懸命つけた名札を見て「曲がっているじゃないの」ということばかけをしてしまいます。一生懸命はいた靴下を「たるんでいるじゃないの」と言ってしまいます。まず「自分でつけられたんだね」と受容することが大切なのですが、どうもそれができないようなのです。自分のつけた名札を他の人から見ると曲がっている…と気づけば直せるようになるかもしれません。しかし今は自分への客観視は難しいのかもしれないのです。その場合は次にやる時から、子どもの手をとって一緒につけてみるようにします。最初は完全に近い

形から介助し、だんだん介助の手を少しずつにしていけば、うまくできるようになります。靴下も同様です。

　最初から否定的なことばだけだと、どうしても自分に自信が持てなくなりがちです。母親たちに「たとえば、みなさんが一生懸命お掃除したところに完璧主義の夫が帰宅して『汚れているじゃないか』と言われたらどんな気がしますか」と懇談会などで言ってみてください。前項で書いたように「夫から言われたらいやだろうな…ということばは、何倍も子どもには言ってはいけないものですよ」と母親たちに伝えてあげてください。きっとこの例えで理解するでしょう。

　このごろきれいな住宅が多くなりましたし、インテリア特集もたくさんありますから、こぼす…ということにも敏感な母親が増えています。子どもはまだ手先が不器用なのでこぼすことがある…ということは前提で育ててほしいです。もちろんお片づけの習慣は大切なので、大きな箱を用意するなどの片づけの工夫は必要です。その時もなんでも子どもだけで、ではなく一緒に片づけ、最初は母親が大部分行い、だんだん手をひいていく方法がうまくいきます。順調に発達すれば、いつかきれいな状態になります…ということも伝えてあげてください。

　朝出かける時にいつもいつも「下着が出ているよ」「靴のひも！」「定規は持ったの？」などと、きつい大きな口調で注意している母親がいました。もちろん母親はしっかりした子に育てたかったにちがいありません。しかしこの家の子どもは朝、傘の骨が曲がっているだけで一日中授業が頭に入らないぐらい、気にする子になってしまいました。この場合も一緒に用意しつつ…です。学校

や園はそれでなくても子どもにとって、一種の緊張感がある場所なのですから、そこに向かって出ていく朝は、特に〈快〉の状態で送り出したいものです。

　毎日の宿題もうっかり忘れていて、夜寝る時に思い出した子がいます。一応「ほら、お母さんがいつも言っているでしょう、ゲームをやる前に宿題やりなさいって」と叱ってもよいと思うのですが、その後は手伝ってあげたほうがよいと思います。そのまま学校に行かせるよりずっと効果があるでしょう。「何度言ってもなおらない…」と言う母親がいますが、一度言っただけで改善してしまうような子は、またちがう意味で気になります。

否定されると自信を失います。
上手にほめて、手助けするように伝えます

その子より他のものに気持ちがいく親（1）
～子どもは自分だけを愛してもらいたい

　子どもは〈自分だけに〉向いてもらいたいのです。母親の気持ちが、他のものにいくと、急に自分のほうに向いてもらいたい気持ちが強くなります。

　子どもの大きな特徴ですが、だれでも〈自分だけに〉愛情がほしいのです。「みんな同じように好き」というやり方だけでは、みんなを欲求不満にしてしまう恐れがあります。3人育てている母親であれば、他の2人がいない時「＊＊ちゃんが大好きだよ」とひとりひとりに言うことが必要です。もちろんおやつを分ける時などは、平等でよいのですが。

　ある園長先生からこういう話を聞いたことがありました。その先生は女・男・女の3人きょうだいの一番上の長女だったそうです。いつも新しいものを買ってもらえ、とても可愛がってもらったので下の妹や弟に悪いなあと思って、弟妹を自分も可愛がっていたそうです。

　50歳ぐらいになって、きょうだい3人でそのことを話す機会がありました。そうすると驚いたことに、2番目の弟は「ええー、俺は男の子だから親にこんなに可愛がってもらって、姉さんや妹に悪いなあっていつも思っていたよ」と言い、一番下の妹はさらに「あらー。私は末っ子だからこんなにみんなに可愛がってもらえて、姉さん兄さんに悪いなあって思っていたのよ」と言ったそうです。お母さんはすばらしい子育てをしたのだと思います。

　その園長先生も、誰もが認める落ち着いた優しい人柄を持った

方でした。思いやりや安定は自分が受容されてはじめて生まれるものなのです。

　私が講義の中で、先生は全体に対する保育や授業をしながらも、必ずひとりひとりの、それぞれの受容を心がけてほしい、といつも伝えるのはそのためです。集団全体の落ち着きのためには〈ひとりひとり〉の受容が大切なのです。フリータイムなどを利用して「Ａくん昨日の作品うまくできたわね」とか「Ｂちゃん今日、＊＊が上手だったわよ」のひとことをかけてほしいです。それがどんなにこの子たちを救うでしょう。

　先生はお母さんの次の人です。先生に自分だけを見ていてもらえた…という経験はその子を落ち着かせます。そして落ち着いてきてはじめて、その子はクラスの他の子が見えてくるのです。コンサルテーションで訪問するのは一日だけでも、担任の先生がクラスの子ひとりひとりと信頼関係が持てているかどうかは、すぐわかるものです。

　それから、私は長く療育センターに勤務していましたが、障害を持ったお子さんの兄弟姉妹児は、かなりの割合で体の痛みを訴える子が多かったです。その家族に障害を持った子がいますと、どうしても両親の目も手もその子にいきがちです。体の痛みは決して仮病ではないのです。自分のほうに向いてほしい気持ちが無意識に痛みになってしまうのだと思います。頭痛、腹痛は多くありましたが、ひじ、ひざ、目、耳の痛みを訴える子もいました。もちろん親はそのたび整形外科や眼科耳鼻科に連れて行っても、医学的には問題がないと言われました。

　私は兄弟姉妹児ひとりひとりがお母さんを独占できる時間を作

るように助言してきました。一家でお出かけをすると、どうしても障害のある子に手がかかりますから、親の気持ちがその子にいきがちです。障害のある子をお父さんが家で見て、少しの時間でも、きょうだいの子がお母さんを独占できる時間を作ることが必要です。必ずしも遊園地などの遠出でなどでなく、夕食の材料を一緒に買いに行くのでもいいのです。あるお母さんはお姉ちゃんの好きなピアノのおけいこに必ずつき添うようにしました。その行き帰りも含めて「私だけのお母さん」の時間を作りました。それだけでずいぶん子どもが変化した…という報告を受けたものです。子どもはひとりひとり、なのです。〈自分だけ〉を受容してほしいのです。

その子より他のものに気持ちがいく親（2）
～第1子への配慮

　第1子にとって第2子が生まれる衝撃がどのぐらいかということが、意外に知られていないようです。ある精神科医から聞いた話では「あなたの夫が女の人を連れてきて、『今日から一緒に住むぞ』って言われたらどんな気持ちになりますか」ということらしいのです。「一緒に住んで、しかもそっちを可愛がっている…なんて状態に耐えられますか」と。ある意味、衝撃はそれ以上といえるらしいのです。「でもお兄ちゃんはこの子が生まれるのを楽しみにしていたのですが…」とある母親が言いました。「それでは先ほどの例でいうと、あなたの夫から『半年前から言って

おいただろう』なんて言われてあなたは平気でいられるのですか。お兄ちゃんが『楽しみにしている』と言っても、まったく未知のことですから、やはり衝撃は大きいのですよ」と。第2子以下は最初から母親をわけ合っていたので、これほどの衝撃はないようなのですが。

　私が以前子どもの心身症の相談にものる療育センターに勤務していた時、p.32に書かれてある状況を呈する子どもはどちらかというと第1子に多かった気がします。詳しい統計をとったわけではありませんが。

　人はどうしても無力なものや小さいものに気持ちがいきがちです。まして赤ちゃんは日常の世話もたくさん必要ですから対応の機会は多いし、お母さんの気持ちもそちらに向くのが自然です。ですから下の子が生まれたら、むしろ上の子に気持ちを馳せるように努力したほうがよいと思います。

　親たち、特に母親は、お兄ちゃんあるいはお姉ちゃんに、しっかりしてもらいたい気持ちが強くて、「しっかりしなさい、あなたはお兄ちゃんなんだから」という声をかけがちです。そうすると逆にもっと母親の愛情がほしくなり、退行しがちです。かえってお母さんの困ることをして注意をひくようになります。

　このことを知らない親が多いのに驚きます。私はある幼稚園で教育相談をしていた時、この問題がとても多いことに気づきました。チックや登園しぶりなどの相談の時、第1子が多かったので、そのひとりひとりに上記のことを伝えてあげると、たいていのお母さんははらはら涙を流しました。「今までお兄ちゃんに大変厳しかったと思う…」と。「そういえば下の子が生まれてから、上

の子を抱いてあげた記憶がない…」「叱ってばかりいてほめてあげた記憶がない…」とみんなおっしゃっていました。

　毎日少しずつでいいから気持ちをすくってあげてほしいのです。多分上の子は可愛がられ慣れていないせいか、ややしつこくなると思います。でも満たされてくると、それも大丈夫になってきます。

　お母さんの気持ちが他にいくのは子どもにとってはいやなものなのです。こういったことは何かのツールを使って、園や小学校でもっと伝えてあげてほしいです。

　ある保育園ではきょうだいふたりをつれて登園してくる親に、必ず下の子のクラスにまず行き、下の子を預け、下の子の朝のしたくが終わったら、次に上の子をクラスに連れてくることをルールにしているそうです。下の子を預ければ、上の子が親を独占できます。小さい工夫ですが、とても大切な工夫です。赤ちゃんはとても手がかかります。上の子から見ると、いつもお母さんの気持ちが赤ちゃんにいっているように見えるでしょう。そのお兄ちゃんのクラスに来るほんの何分かの間でも、お母さんがお兄ちゃんと手をつないでお話ししながら歩いてくれたらどんなに嬉しいでしょう。帰りはもちろんまず上の子のクラスから来てほしいと伝えてあるそうです。園長先生は気をつけていて「ほら順番が逆ですよ」と言ってあげるそうです。

　共働きで仕事をするお母さんのことは、また別項で（p.65〜）書きますが、仕事をするだけで、母親の気持ちが他にあるわけですから、いっそう子どもの心の動きには気をつけてほしいと思います。

その子より他のものに気持ちがいく親（3）
～夫婦の仲がよいだけではだめ

　ところで、様々な育児関係の本に「夫婦の仲がよければいい子が育ちます」という記述が多いのですが、ちょっと気になることばです。どのような子をいい子と言うかは別として「夫婦が仲よければそれでいい」ということはありません。この頃たしかに仲よしの夫婦が多くなって結構なことではあります。もちろん仲はいいにこしたことはありませんが、それだけではなく、ふたりがそれぞれに子どもを受容しているかどうかが大切です。

　なぜこんなことをあえて書くかというと、夫婦ふたりの楽しみのために、子どもを置き去りにしている光景をよく見かけるからです。夫婦は仲よく話しながら歩き、うしろから子どもがとぼとぼ歩いている場面も町の中でよく見る光景です。

　たとえばある日、テニスコートで夫婦ふたりがボールを打ち合っていて、5歳と3歳ぐらいの男の子は周辺でうろうろしていました。テニスコートなんて普通の子どもにとって面白い場所でも何でもありません。こういう光景も現代らしいといえば現代らしいかもしれないのですが、昔はそのぐらいの子がいればむしろ、子どもの喜ぶ顔が見たくて、子どもが楽しいと思うところに連れて行ったものです。それが親の喜びでした。そのうち子どもたちはけんかをはじめ、両親は口だけで「だめよう。けんかしちゃあ」と言いながら、さらにボールを打ち合っていました。下の子は泣き騒ぎ、叱られた上の子は、テニスコートに向かって、靴や石を投げ込みはじめました。子どもの側からみれば当然の行動のよう

に思えました。そして両親が激怒…。

　なぜこんなことを書いたかというと、7、8年たった頃、ある友人から、知り合いの子どもが不登校になってしまう…という相談を受けました。もしかしたら、と、聞いてみると、やはりあの時の両親の子でした。私はたまたまその友人に誘われてテニスコートに行っていたのです。

　これは1例です。もちろん職業上、このような経過の事例にはたくさん出会いました。今は大人の場所に託児所が用意されているところが多いようです。それがいけない、ということではないのですが。

　子どもに接することができる時期は、実はとても短いものです。その時にじっくりつき合って、そのことが喜びとできる両親であれば、自分たちの時間はあとでゆっくりくるのですが。現代は子どもを精神的に置き去りにしてしまう…といったことが多い状態になっていないでしょうか。

　後々になって深刻な問題になり、その相談を受けていた職業の私の立場から、子どもにとって何が大切な時期か、また母親、父親にとって、今どうしてもそれをしなければいけないのかは、よく吟味していただきたい…と、伝えておきたいです。

　それから、昔の親だって四六時中子どもと一緒だったわけではないじゃないか…という質問も受けます。たしかにそうです。しかし、昔はすべてが間接的に子どものための時間であった…ともいえます。ごはんの用意も洗濯も洋服も全部手で作りました。お風呂を薪でたくのもそうだったでしょう。だいたい親は見えるところで働いていました。働く姿が見えました。視覚的にもそうで

すが、そういうことを子どもは感じ取ることができたのだと思います。

　子どもが小さい時、少なくても学校期までは、懇談会や保護者勉強会、参観日などに、できるだけ参加しようとする親の子と、参加しない親の子では落ち着きがちがうように思います。間接的にでも子どもにつながる時間を、努力して作る親とそうでない親とのちがいです。いろいろ都合はあるのでしょうから、いちがいにはいえませんが「聴かせたい親は来なかった」という話はよく聞きます。

　でもとにかく今は来てくれる親にだけでも、大切なことは何かを伝えていきたいと思います。

子どもと接していられる短い時期に、じっくりつきあってほしい。
子どもを置き去りにしないでほしい

好きなことば・好きな場面 2

【今年のような年はハムの薄切りのようなものだ】
(映画「サンドイッチの年」より)

　「いいかこれを信じろ。陽が昇るかぎりいい日もある。今年はバカなこともしたが、おまえは大人になった。そうとも今年は辛いこともいろいろあっただろうが、人生に5度や6度はこんなことがある。残りは何ということもない日の連続さ。今年のような年はハムの薄切りのようなものだ。2枚のパンのあいだにはさまっている、つまりサンドイッチの年だ。そういう時はよくかみしめなければならん。からしがいっぱい入って涙が出ても全部食べなければならん。全部だ。いいな。」すると涙でいっぱいのヴィクトールが言う。「きゅーりもほしいな」と。マックスおじさんは「アッハッハ」と笑う。

　ナチスに家族を殺され、たったひとりになった15歳のヴィクトールに次々に災難がふりかかります。自分の未熟さゆえの失敗も続きます。その少年を雇ってくれた偏屈だがやさしい古物商のマックス。そのマックスが不幸でうちひしがれているヴィクトールに言う冒頭のことばは胸にしみます。この場面が好きです。この時の穏やかで温かいやさしい響きが忘れられません。ほんとうの親にはもう会うことができなくても、その子の存在をまるごと受け容れて支えてくれる人の存在があったら、どんなに救われるでしょう。

　現代は戦争や病気ではなくても、〈親がいるのに親がいない〉現実の中で生きている子がたくさん存在します。そして誰にも、サンドイッチのあいだにあるハムのような年があります。あとはなんていうことのないくり返しですが。自分を理解し、まるごと受け容れてくれる人がそばにいて、そういう年を乗り越えられたら、人生はどんなに明るいものになるでしょう。

出典:映画『サンドイッチの年』ピエール・ブートロン/監督　1988年　フランス　シネセゾン/配給

生活のリズムのほんとうの目的を伝えましょう

　子どもの精神的安定のために、生活のリズムが非常に大切であるということは園の先生方は理解していても、保護者には意外に知られていないことが多いのです。〈早寝早起きは大切〉と漠然と思っていても「なぜ必要だと思いますか」と問うと、たいていの方は「体を丈夫にするため」と答えます。結果的に体が丈夫になるとしても、もっと基本的な、「精神的な、情緒的な安定のためである」ということを伝えていかなければなりません。情緒の不安定さは生活のリズムの乱れからくることは、園の先生は経験的に知っていらっしゃるでしょう。長い休みのあとや、土日のあとの月曜日も不安定な子が多く、トラブルが多くなりがちです。

　伝えていくために、先生方ももう一度基本的な学びは必要です。脳の働きや生活のリズムの大切さはいろいろな資料や本がありますから、もう一度どこかで確認しておくことをおすすめします（今は読みやすい脳の本などはたくさん出ています）。

　脳の奥のほうに〈生きていく〉ことを司るところがあります。〈呼吸・循環・消化・ホルモン・体温調節〉などです。これらは無意識ですが脳がコントロールしています。そして規則正しい生活をすることで、その働きが保たれます。人間は夜暗くなったら寝て明るくなったら起きる動物だったのですが、電気の発明で夜になっても起きていられるようになってしまいました。そのような生活の変化は、特に発達期にある子どもにとって、あまりよくない変化を起こしてしまいます。人間は様々なホルモンが出る時刻

や量が決まっているので、不規則な生活をすることにより、出てほしいホルモンが出ないで、出ては困るホルモンが出てしまったりしてバランスが悪くなるのです。脳は基礎的な働きをするところから、高度の機能のところに向かって発達していきます。基礎的なところのバランスの悪さは、脳の中ほどにある情動を司るところにまず影響が出てくるのです。

　情動とは読んで字のごとく感情の動きです。つまり生活のリズムを整えるということは脳の中の物質のバランスを整えることであり、〈情動の安定のため〉に他なりません。情動の安定とは、「気むずかしい状態を減らす、なるべく快の状態で過ごす、ちょっとしたトラブルでも立ち直りが早くできる、指導や刺激を吸収しやすくする、本人にとって不快な状態が減り、泣き騒ぎが少なくなる」といったことなどです。

　全部の子どもたちの保護者に、生活のリズムの大切さをきちんと伝えていく必要があります。クラスだよりや懇談会などを通して保護者に伝えましょう。伝え方は工夫してみてください。また新学期や夏休みあとなど、くり返し伝える必要があります。

　まだ園に入園してない子どもには、それなりの指導方法がありますが、幼保の場合、朝はだいたい決まった時間に登園しますから問題は帰宅後です。なるべく夕食を早めに設定することがポイントです。お風呂は夕食のあとのほうがいいようです。そして大事なのは、夕食のあと興奮させないことです。夕食後にDVDのヒーローものや興奮しやすいテレビなどを見せるのはやめましょう。お風呂のあと、絵本を読んだりしてあげて、静かに眠りに向かうのが良いでしょう。寝つくあたりでお父さんが帰ってくるこ

とがあります。子どもは眠気が出てくると逆に妙なはしゃぎ方をします。お父さんはそれが嬉しくて、なお興奮させてしまいがちです。この時期はお父さんとのふれ合いより、生活のリズムが大切なのです。両親でよく話し合うよう伝えてください。

　この頃は土日に遠出をする家族も多いです。遠出をするなら早い時間に出かけて、午後の早い時間には帰宅できるようにするべきであることや、小さい子がいる家庭では夜遅くの外出はやめるよう伝えましょう。育児の結果は何年後かに出る…ということも意外に知らない両親が多いです。

早めの夕食	絵本を読み眠りに誘う
お風呂は夕食後	お父さんはちょっと我慢！
夕食後、興奮させない	土日の遠出は早目に帰宅

"規則正しい生活は情緒を安定させるため"であることを伝えよう

Part2 親に伝えなければならないことはどんなことでしょうか

子どもが緊張しやすい時を親に知らせてあげましょう

　子どもが緊張しやすい時に逆に、親が厳しくしてしまうことがよくあります。そのことによって子どもの心身に変化をきたしてしまうことがよくあるのです。

＊入園前　＊新入園　＊進級時　＊グループ替え　＊行事の前
などなど

　まず入園前です。入園が決定し、入園説明会の時などに伝えてほしいことがあります。それは「4月までにこのことを」と強調しないことが大切だということです。たしかにはじめて集団に入るのですから、身につけなくてはいけないことはあります。しかしそれは毎日の流れの中で自然に身につけられるような配慮が必要で、「4月に＊＊＊幼稚園に入るのだから、こうしなければ…」と強調すると、4月から行く園が無意識に負担になります。子どもは経験もないし、見通しが立てられないからです。たとえば親たちに「4月から、ある会社に入るとします。その会社に入るまでに、パソコン技術はここまでクリアしておいてください。書字はできるだけきれいな字で…」などと条件をつけると、4月からいく会社がとても負担になるでしょう。見通しがある程度つく大人でさえそうなのですから…。

　などと自分自身に置き換えるよう具体的に伝えてあげると、とても納得します。

　新入園も進級時も緊張するものです。こういう時は、朝のしたくなどもできるだけ手伝いながらスムーズにいくようにしたほう

がよいと思います（介助はまずたくさんして、徐々に減らしていく方法がよいと思います。この減らし方に工夫が必要です）。できるだけ自分で自分で、と親は思いがちなのです。特に朝は時間も迫りますし、できるだけ緊張させずに１日をスタートさせたほうがよいと思います。

　帰宅してからのほうが時間の余裕があるので、リュックをあける、からのお弁当を袋から取り出す、リュックをフックにかける、などの動作を、ひとつひとつ介助しながらやってみるよう伝えましょう。そして介助をだんだん減らしていく方法です。帰宅後も疲れがあるので、あせらずじっくりなのですが。

　新学期、進級時などはできるだけ気持ちを和らげるよう、夕食のあとなど、ひざにのせてあげたり、手をさわってあげたり、寝る時に読む本を自分で選ばせたり…の細かい配慮が必要であることを伝えてあげましょう。

　グループ替えや席替えなども緊張があります。妙に泣き騒いだり、機嫌が悪くなったりして母親を困らせたりします。こういうことは学校期も続きます。中学校になっても、新学期、仲よしの友人と仲たがいした時、試験の前などに母親に理不尽な要求などをすることがあります。緊張やストレスの裏返しと思われる行動だと思います。母親もよけい強く接したり、やり合ったりしがちなのですが、逆の対応のほうがよいようです。

　そういう時は「お弁当に好きな物、入れてあげるよ。何がいい」「今日の夕食、何がいいかな」など、子どもに要求を聞いてから作ってあげたりするなど、できるだけ日常生活で行える範囲で子どもを受容する具体的な方法を考えることが大切なのです。

Part2　親に伝えなければならないことはどんなことでしょうか

　運動会、発表会、などの行事も子どもは緊張します。子どもだけでなく先生方も同じでしょう。それぞれの園で行事については、以前より子どもの状態も変わってきているので、もう一度内容を検討してほしいと思います。見栄えの派手なプログラムより、素朴でも「子どもたちのこういうところを見てほしい」と事前にお知らせするなどして、保護者も楽しみに待てるような工夫がほしいと思います。

　心身症の相談にものるところに勤務していた時、毎年、1〜4月と9月に申し込みが増えました。子どもたちは大人以上に緊張しているのです。それから20年たっていますが、親たちも子もたちも状況はもっと変化しています。一考をお願いします。

「〇〇までに〜しようね」という何気ないことばが
子どもたちにとってはプレッシャーに

手芸や手作りのお弁当などで、愛情を形にする提案を

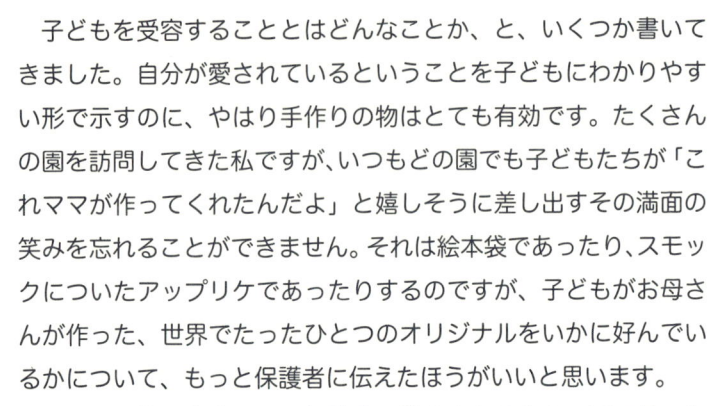

　子どもを受容することとはどんなことか、と、いくつか書いてきました。自分が愛されているということを子どもにわかりやすい形で示すのに、やはり手作りの物はとても有効です。たくさんの園を訪問してきた私ですが、いつもどの園でも子どもたちが「これママが作ってくれたんだよ」と嬉しそうに差し出すその満面の笑みを忘れることができません。それは絵本袋であったり、スモックについたアップリケであったりするのですが、子どもがお母さんが作った、世界でたったひとつのオリジナルをいかに好んでいるかについて、もっと保護者に伝えたほうがいいと思います。

　手作りの物を指定すると保護者に敬遠されるから、園で統一して購入した物を使う…という園も増えています。しかし、子どもたちのためにはとても大切なことのように思うのです。説明の仕方で、取り組んでくれる保護者は多いのではないか…と思います。入園説明会の時などに、もっと保護者に「やりたい、やってみたい」という気持ちが出るような伝え方をしてみてください。

　「手作りの物は世界でたったひとつのオリジナルです。ママが作ってくれたんだよって。子どもたちがとても喜ぶんですよ」「買った物のようになんでもきれいにまっすぐの線で…って考えなくていいんですよ。ちょっとぐらい曲がった線のほうが手作りらしくて味があるんですよ」「もしどうしても苦手だというのでしたら、得意な人とタッグを組んでもいいですね。その家のお子さんを預かり、その人に作ってもらうのです。もちろんあなたの

デザインで」などなど。

　何かひとつ…というのなら、私は座ぶとんカバーがよいのではないか…と考えます（防災ずきんを座ぶとんにしているところを多く見かけます。そのカバーです）。袋物に比べ、簡単ですし、直線縫いで裏はつけなくてよいし、ミシンがなくても手縫いでできます。それに何より、毎日子どもたちの肌にふれます。今は簡単につけられるグッズなども売っています。何よりそれがきっかけで、今までやったこともなかったのに、自分の中の手作り能力？に目覚める人もいると思います。

　特定の誰かにあげる物を作ることは、ずっとそのあいだ、その人のことを考えることなのです。作った人ならわかります。そのためか昔はひとりひとりのために（下の子の時はその子のために）赤ちゃんの物を手作りすることをすすめていた医師もいます。今はそういうことを提案すること自体が母親の負担になるといけないから…とあまりされていませんが。

　ひとつぐらいはいいのではないでしょうか。保育園の働いている親に提案するのは園側は躊躇するかもしれませんが、むしろ私はそういう親こそ、子どものための時間をとってほしいのです。しかし、どうしてもその人にとってストレスになるのでしたら、「どうしても負担だったら、買ってもいいですよ」とつけ加えることも忘れないようにしましょう。

　それから愛の表現の最後の砦…と考えられる物に〈お弁当〉があります。これも親の負担を考えて全部給食にしてしまう園もありますが、曜日によっては給食で、あとはお弁当というところもあります。それでもいいので、お弁当の日は残しておいてくださ

い。お母さんの作ったお弁当こそ、どんなに子どもたちが喜ぶでしょう。私も園で得意気にお弁当を見せてくれる多くの子どもたちの姿を目にしています。折りにふれて、そういうことを保護者に伝えてください。

　イベントの写真だけでなく、こういった日常の子どもたちの場面などを写真で張り出したり、園だよりで知らせましょう。園のこのような工夫ひとつで、親の義務感、負担感が少しでも減り、子どもたちが喜ぶことが増えるといいと思います。保育園の場合は日常は給食でしょうが、園外保育や何かの行事などの時にはお弁当を提案してみましょう。〈たまにはお弁当日〉の提案です。

「子どもはママの手作りが大好きですよ！」…
保護者の"やる気"を引き出すような伝え方を

Part2 親に伝えなければならないことはどんなことでしょうか

特に両親で働く保護者に伝えたいこと

　特に仕事を持っている保護者に対して伝えたほうがよいのではないか…と思うことを書きます。

▶〈子どもの心の発達〉と、〈母親も仕事を持つ〉ということはちがう次元であることを意識すること

　これが大切なことです。以前に比べ、女性の社会進出や男女共同参画の世の中になり、また経済的事情など、母親が仕事をすること自体が特殊ではなくなりました。しかし、それは心の発達とはまったく別の次元にあります。

　30年以上前、乳児保育所も少なく、女性が小さい子どもを預けて働くことにやや罪障感があった時代、保育園での保護者勉強会は〈働くことは悪いことではない〉〈働いていても子どもはうまく育つ〉という方向に力を入れた内容ばかりでした。

　「うちの子どもは両親が働いていても＊＊大学に受かった、不良にもならなかった、だから働くことは悪いことではない…」などという個人的意見などを力説する卒園児の親などが話しに来たりして、私自身はとても困惑したのを覚えています。

　私は当時から心身症も診療する療育センターにソーシャルワーカーとして勤務していましたので、個人的に相談されることなどがよくありました。この経験からも考えてみます。

　働くことと心の発達については、割り切れることではないのだということなのです。印象なのですが、迷いながら、悩みながら、

育児に取り組んでいた母親の子は思春期をうまく乗り越えました。「私の人生と子どもの人生は別よ」と割り切っていた人ほど、後々子どものことで大きく悩むことが出てきていました。

　つまり悩みながらの母親は工夫があるのです。育児そのものは母親が働いていてもいなくても〈絶対〉ということはありません。しかしすでに書いてきたように、〈受容〉は基本なわけですから、それに向かって、こうかな、こうかな、と工夫しながらいくことが必要なのです。

　働いている母親こそ、子どもに注目し、育児の工夫をしてほしいと思います。

　家事を合理化し、子どもと向き合う時間を持つということが、まずしてほしいことです。すでに書きましたが、後ろ姿だけを見せている人から愛情を感じるのは、もっと先のことです。たとえば、食事が終わったら、食器は水につけておき、洗うのはまとめて1日1回だけにする…などです。

　これが参考になるかどうかはわかりませんが、私自身は、夕食後の7時から8時半までを完全に子どもと向き合う時間と決めていました。どんなに家事が残っていても、その時間は一番の優先にしました。娘は小さい頃、「7時になればママは私と遊んでくれる…今日は何しようかな…」と楽しみに待てましたし、小学生からは一緒に宿題をやったりする時間になりました。こういうやり方が絶対というわけではありません。各家庭でやりやすい工夫をするとよいと思います。

母親が仕事を持っていない場合、母子の時間が割合ありますので、週末は父親が子どもの相手をし、母親を少し開放してほしいのです。母親も働いている家は、どうしても母が子どもと向き合う時間が少ないので、土日は父親が家事を引き受けてあげ、母子の時間を作ってあげたらどうかと思いますが、いかがでしょうか。もちろんこれはひとつの提案です。冒頭に書いた基本について、夫婦でよく話し合ってほしいと思います。

たとえば次のようなことなどを（伝えていく方法論をよく考えて）園から伝えていきましょう。

POINT

- 短時間でもいいから、母親が子どもと向き合う時間を持つ。
- 家事を合理化する。
- 自分の都合ばかり言わない。
- 子どもが小さい時は、なるべく仕事に大きい欲を持たない。など

子どもの心の発達と、母親が仕事を持つことは別次元であることを伝えよう

好きなことば・好きな場面3

【子どもの日おめでとう】
（読み物『庭のつるばら』より）

　結婚した長女がそばに住んでいた時は、孫たちもよんで、〈かぶと〉の形の〈かぶとサンド〉を作ってお祝いしていたのだそうです。でもその長女一家が離れたところに住むようになり、寂しいだろうから…とたくさんの食べ物を入れ「子どもの日おめでとう」と鯉のぼりを描いた画用紙を載せて、宅急便を作って送る様子から、この本の物語がはじまります。

　庄野さんには私生活を書いた、たくさんの小説があります。近年は子どもたちが巣立ったあとの夫婦の生活の様子を中心に書いていらっしゃいました。親が子どもを思う気持ちってこうなんだろう、これこそ何よりすばらしい受容の形だろうなあ…と思われる具体的な場面がたくさん出てきます。

　作品群の中で私が最も注目するのは庄野さんの奥さんと、４人の子どもを持つ長女の日常です。家事をし、料理を作り、お互いの洋服を手作りして送り、本の貸し借りをしてお互いに感想を伝え合って…。毎日にはアクシデントもつきものなのですが、そういったことを苦もなく「大丈夫、大丈夫」と取り組む活き活きとした暮らし…。作品の中で、このおふたりに出会えることは私の喜びでした。読んだあと、丁寧に料理を作りたくなるのです。

　庄野潤三さんの文章に接したのは中学の国語の教科書が最初でした。その時よりいっそう親しみを持って、近年の作品群を読んでいます。

　すでに子どもを持つ年齢になった娘や息子にもハッピーバースデイを歌ってあげる父母の愛情の形…。

　冒頭の宅急便のことですが最初にそれが届いた時、長女は嬉しくて泣き出したと書かれてありました。

出典：『庭のつるばら』庄野潤三／著　新潮文庫

Part 3

具体的な支援策を
どのように伝えていけばいいのでしょうか

個人に伝えるよりグループに伝えましょう
～懇談会やサークルの持つ力

　何かが起きてから1対1で伝えるのは実はとても難しいことです。しかもそれが保護者にとってあまり耳に心地よいことではない時には特に、伝えるほうも受け取るほうも心理的負担が大きいのです。そのようなことはグループに伝えると伝えやすいですし、聴く方も受け取りやすい効果があります。

　「みなさん…」と伝えるほうが伝えやすいでしょう。たとえばここに書いてきた、子どもの心の変化やそれぞれの年齢の特徴や、このごろ起きているトラブルについてなども、全体に伝えて育児の工夫を促しましょう。そのために懇談会や勉強会は定期的に設定しておくとよいと思います。お母さんたちが書き込める簡単なレジュメを用意し、園長か主任がお話ししましょう。ネームバリューのある人を呼ぶ必要はありません。ほんとうは身近な園の先生がお話ししてくれるほうがずっと効果があるのです。

　それから単なるお知らせの会や勉強会というだけでなく、何か少しリラックスできる内容があると集まりやすいものです。〈手作りものの講習会〉のような設定でもいいですし、ちょっとした〈お料理の講習会〉のようなものでもいいでしょう。卒園児のお母さんなどで、そういうことの得意な人を協力者として見つけておくのでもいいでしょう。また私が保護者であった時は、園で歌う歌や手遊びをもっと知りたいと思いました。子どもと一緒に歌ったり、手遊びしたくても、園でやっているものがよくわからないので、そういうものを教えていただく機会があったら楽しい

のになあと思いました。こういう講習会のようなものがあると、家でお母さんも一緒に歌えますし遊べるので、子どもも喜ぶでしょう。

　1時間半なら90分をふたつにわけ、2時間取れるのでしたら1時間ずつ、前半を勉強会、後半を講習会のような形にしたらよいのではないでしょうか。園がほんとうに伝えたい親は来ないかもしれません。でも今はとにかく来る人を大切にしていきましょう。遠回りかもしれませんが、きっとよい影響力になっていくと信じています。

　また、すでに書きましたが、お母さんたちのグルーピングの力も以前に比べて格段に落ちています。いろいろなサークルを用意してくれている園もありますし、そのためのお部屋も用意されていたりします。しかし、いろいろなタイプの方をうまく取り込んでいく、いい意味でのリーダー的存在の人が少なくなりました。私も親の会に長く関わってきましたから、それがよくわかります。公園デビューなどということばで問題になりましたが、コミュニケーションが少し苦手なお母さんたちを上手に参加させていくためには、サークルなどもお母さんたちだけの自主的運営だけでは難しいものがあります。やはり主任か中堅の先生が、側面的に援助する役割をする必要があります。高度に専門的な技術でなくてもよいのですが、グループワーク的な技術は必要かもしれません。ひとりひとりの特徴をよく把握し、特に消極的な人を上手に受容してあげたり、それぞれの得意なことを活かすようにすればグループ自体が活性化すると思います。もちろんいい意味でリーダー的な親や、それを補佐する親が存在するとよいのですが、そ

こが強くなりすぎないようにすることも大切です。年度によっては役割に適する人がうまく見つからないかもしれません。そういう時は最初は先生が中心にやってもよいのではないでしょうか。

　また講習会でも勉強会でもサークルでも、魅力的なプレゼンテーションができる力が、今、主任や中堅レベルには求められます。そういう人がいるかいないかで、お母さんたちの参加率はちがってくるでしょう。最初は難しく考えずに、子どもたちに話す要領で行ってみたらよいと思います。そういう意味では、すでに先生方は技術を備えているといっても過言ではないでしょう。

1対1…×

みなさん！

保護者とのコミュニケーションをとりやすい
環境（グループ）作りに取り組もう

もっとツールを活かしましょう
〜園・学校だより、クラスだより、など

　園だより、学校だより、クラスだより、ホームページ、それぞれの園や学校で親に伝えていく様々な方法がありますが、いまひとつ活かされていないところもあります。

　いつもと同じお知らせスタイルではなく、もっと具体的に書いて子育ての基本を知らせてあげましょう。

たとえば園だよりやクラスだよりでいえば

　「新学期で、担任の先生も教室も変わりました。それぞれの子どもは緊張することが多いと思います」と書き、「帰宅する時に手をつないで歩いたり、おやつを一緒に食べるなど、なるべくお母さんとふれ合う時間を作りましょう」とか、「新学期なので、朝のしたくなどはなるべく一緒に行いましょう」とか、「『お弁当に何入れようか』などと子どもに聞いてから入れてあげてくださいね」など、具体的なふれ合いのポイントを書いてあげるようにしましょう。「土日は遠出をするよりも、ご両親と、近所で体を動かすことができる公園や散歩道を探してみてください」「土日もなるべく同じリズムで過ごすようにしましょう。どこかに出かける時はなるべく早く出かけて、午後の遅くとも3時には帰宅するようにしましょう」などです。もっと園で考えた具体的なことをどんどん書いてあげるといいですね。読みやすいようにイラスト入りで。

学校だよりも同様です

　「夕食のメニューを子どもに聞いてから作る…などというのもいい方法ですね」「土日の朝食など、たまご料理を子どもに聞いてから作ってあげるといいですね」

　たまごの料理は、普通のたまごやき、いりたまご、ゆでたまご、めだまやき、

> などいろいろなバリエーションがあります。
>   それを「たまご、けんちゃんがやってほしいのにするけど何がいい？」と聞きます。「めだまやきがいいなあ」と言ったら「めだまやきやってあげるよ」というふうに、きょうだいそれぞれに作ってあげる…手間は 10 分ぐらいのものです。

などです。このような具体的な方法をもっと入れるべきだと思います。

「それが受容なの？」と、お母さんたちは言うかもしれません。そうなのです。それが受容なのです。子どもを受容するということは、たとえば生活の中のできる範囲でまず子どもの言うことを聞いてあげること…こういった小さいことの積み重ねが大切なのだということを、親に伝えてあげてほしいのです。わがままにはなりません。その逆です。

子どもは基本的に自分を受容してくれた人の言うことは聞くようになるのです。またそういう大切な人の困る場面では、我慢ができるようになります。逆にいつも自分の望まない形でしか受容してもらっていない子が、親の一番困る場面で、無意識にわがままを出します。

厳しくするか甘くするかの二者択一の問題ではないのです。すべての基本は〈受容〉です。人は受容され、心のよりどころがなければ生きていけません。そのことをもっと園や学校が具体的に伝えていかなくてはなりません。p.26 〜などで書いた、子どもの心の育ちに関しての理論をわかりやすく伝えていってほしいのです。伝えていく方法を考えてほしいのです。その 1 枚の紙が子

どもを救うかもしれません。

　ある子どもを育て、その子がのちに有名人（スポーツ選手や音楽家など）になったという親の体験談を、講演会形式で行うところがありますが、その方法は注意を要します。その子育てのやり方が、ほとんどの子にあてはまらない…というものもあるからなのです。

　障害児でも体験本や講演はひとつの事例としてはいいのですが、多くの子にそのままあてはまるものではありません。

　身近な園やクラスから、まず基本の普遍的な子育ての情報を具体的に伝えていく…ということが今、必要なのではないでしょうか。

★新学期、お母さんとふれあう時間を作りましょう

★「お弁当に何入れようか？」子どもに聞いてあげましょう

★土日におでかけする時は3時までには帰りましょう

"おたより"での身近で具体的なアドバイスが子どもの受容につながります

個別に伝える工夫　～連絡帳の役割は大きい

　保育園では乳児期は連絡帳がありますが、3歳以上になると連絡帳を特に使用しない園もあります。また幼稚園では、出席シール帳に連絡欄を設けたり、連絡帳はあっても、病気や何かの連絡の時だけ使用するものだったりします。

　連絡帳は卒園時まであったほうがよいのではないかと思います。というより、子どもが望む形で受容されていない今、最も必要なツールではないかと私は思っているのです。園の先生の多忙さはよくわかるのですが…。

　連絡帳に先生から何を書いたらよいのでしょうか…。

　すでに書いてきたように、子どもはほんとうに些細なことで母親に受け容れてもらい、それを積み重ねていくことが最高の〈受容〉なのです。ところがその子どもが喜ぶ些細なことを見つけられない母親がとても多いのです。

　園の先生は当然、子どもに関する感性は高い人が多いですから、私が「このお子さんは、愛情不足かもしれないから、園生活の中で受容してほしい…」と先生に助言すると、たちどころにいくつかメニューが浮かぶと思います。お散歩の時に手をつないであげよう、自由時間の時に一緒に遊んであげよう、他の先生が紙芝居を読む時は、この子の隣に座ってあげようなどなどなど。しかし親のなかには具体的な受容の形が浮かばない親もいるのです。アイスクリームをいくつも買ってあげたり、土日に遠くのテーマパークに連れて行く…といったことが愛情をかけることだと思っ

てしまいがちなのです。そういう親のために、ひとりひとりの子の喜ぶこと得意なことを見つけ、確認し、それぞれの親に伝えてあげるのが先生の重要な役割といえます。

「Ａちゃんは、○○の歌がとても好きで一緒に歌うととても喜ぶんですよ。帰りなど一緒に歌ってあげてみてくださいね」「Ｂちゃんは△△を作るのがとても好きで、上手ですよ。おうちでもお休みの時、一緒に作ってあげるといいですね」「Ｃちゃんはお話作りが上手ですよ。聞いてあげてくださいね」などです。もちろん毎日は大変ですから１、２週間に一度、あるいは１か月に一度でもよいので、連絡帳でそういうことを伝える機会を持ってほしいと思います。

それから次のような方法もあります。連絡帳は概ね前の日の様子や体調などを書きます。しかしその連絡帳を利用し、母親の気持ちが子どもに向くようにしてあげることができるのではないかと思うのです。

懇談会などでまずお母さんに、小さなことで受け容れてもらうと子どもはとても安定する…ということをお伝えしてから、連絡帳に「お母さんがしてあげて子どもが喜んだこと、笑顔を見せたこと…を１日ひとつでもいいですから、小さいことでもいいですから、毎日書いてください」という月間を作るのです。私はある保育園でそのようなことを何か月か続けていただいたことがあります。訪園した時にあまりにも愛情不足の落ち着きのなさをみせる子どもが多い保育園でした。その結果、やはり明らかに、子どもが変化してきた…というのです。もちろんそんなことに賛同しない親もいるかもしれませんが、しかし、親によってはヒントを

もらうことでどんなに工夫できるでしょう。

　「お風呂に入った時に、家族の名前が入った替え歌を歌うと、とても喜びました」「夜眠る時、クラスの子どもたちが出てくるようなお話をしてあげると喜びます」とか、中にはとても単純に「日曜日のおやつの時、子どもと一緒の動物ビスケットを私も食べたらとても喜びました」などなど。これを見ると子どもは、ほんとうにシンプルな可愛がられ方がとても好きですし、そのほうが愛情が伝わる…ということがよくわかります。これをお母さんに、先生が共感してあげることが大切です。返事は短いことばでよいので、「嬉しそうなＡちゃんの顔が目に浮かびます」などと書いてあげたら、最高のファシリテート（促進役割）になるでしょう。

子どもの喜ぶこと、得意なことを見つけ、
その親に伝えてあげるのが、先生の重要な役割

エピソードを入れ、具体的に伝えましょう
～ある園のこころみ・ある学校のクラスのこころみ

　ある園のこころみを紹介します。その園は〈あゆみ〉を各学期ごとにひとりひとりの子どもの親にお渡ししています。この園の〈あゆみ〉には特徴があります。まずその学期のスナップ写真とある日の様子、そして、その子の得意なことや園生活の中で好きなこと楽しんでできることなどを書きます。そして最後に少し気になるところがあれば、それを書き加えます。しかし単に書くだけではなく必ず「担任としてはこのように配慮していきたい」ということを具体的に書いています。了解を得て実例を紹介します。

Mちゃんの家庭への〈あゆみ〉

まず春のスナップ写真（ひとりひとり大きく）
この時はMちゃんがタンポポの綿毛を、楽しそうに風にとばしている場面。
次に＜担任からご家庭へ＞の欄
「Mちゃんは毎朝元気いっぱいに『おはよう』と素敵な挨拶をして登園しています。身支度もとてもしっかりとこなしています。明るいMちゃんはいつもお友だちと元気に遊んでいます。またまわりの様子もよく見えているので、お友だちの様子にもすぐ気づいてくれます。他のところで遊んでいても『○○ちゃんがひとりだから行ってくるね』とさびしくならないように心配してくれます。そのおかげで、一緒にいたお友だちも気づいてくれて、みんなで遊ぶ…ということが自然とできるようになりました」（中略）
「まだ自分が思っていたこととちがうできごとが起こると納得できず、だんまり…という姿もあるので、担任としてはMちゃんの思いをまず認めながら、一緒に気持ちを整理していきたいと思います。無理はせずに、また前向きに遊ぶことができるようタイミングを考えて、誘っていきたいと思います」
～以下＜おうちの方から＞の欄が続く

ひとりひとりよく観察し、担任の配慮はそれぞれに及びます。一生残るものなので、何回も何回も書き直すそうです。こんな丁寧な〈あゆみ〉をもらったら、きっとまた子育てに楽しく取り組むことができるでしょう。

次は、ある学校のクラスだよりの実例です

> 　今学校ではリコーダーに取り組んでいます。昨日あるお子さんがこのような作文を書きました。(この学校では月曜日の朝、週末にあったことなどを、かんたんに文で書く習慣がありました。)
> 　「土曜日にお母さんがお仕事から帰ってきた時に、私がリコーダーを吹いたら、聞いてくれました。〈キラキラ星〉を吹いたら、お母さんが『とっても上手』と拍手をしてくれました」(そして、その子が描いた、リコーダーを吹いてお母さんが拍手をしている絵も載せてありました。)
> 　このように、みなさんもお子さんの演奏を聴いてあげてくださいね。

　園だよりもクラスだよりも、お知らせ中心になりがちですが、もっとこのようにエピソードを入れて、具体的に書いたほうが子育てのヒントになります。

　かつて、園でのイベントをすぐお家にフィードバックしてくださる園長先生がいました。〈おもちつき〉があったらすぐその日のうちに、その時の様子、その時のエピソードを、お帰りの時にお手紙として家庭に持たせるのです。その日の夕食の時に、園での行事が食卓でにぎやかな話題になれるよう、タイミングを逃さないで行っていらっしゃいました。その頃はパソコンもなくガリ版刷りの時代でした。

　家庭支援は、そのような細やかな工夫が必要のように思うのです。

家族支援は「個別化」(各家庭への判断) が原則 (1)
~子どもをめぐる環境の評価…その項目

　福祉関係にいた私が幼稚園・保育園・学校と連携を取りはじめた時に、支援方法として特に違和感を感じたところがあります。それは支援に関する考え方です。もともと教育の場ではどちらかというと〈一律に〉ということが基本のようになっているところがあります。ところが福祉の世界では〈個別化〉が原則です(p.171〜〈バイスティックの法則〉参照)。

　また各家庭への判断をすることは失礼ではないか…という考えもあるようでした。私は子どもへの支援に〈各家庭への判断〉は不可欠と思っています。それなしの支援は医者が患部を診ないで治療することと同じです。子どもは家族・家庭の影響を強く受けます。そういったバックグラウンドの判断なしに、適切な支援はできません。もちろん理想的に適切な支援ができるわけではありませんが、なるべくそこにあった形を考えると、やはり必要なことだと思います。

　ちなみにソーシャルワークで使う〈環境の評価〉を、私が園や学校用に考えた、ごく基本的なものをここに書いておきます。

＜子どもをめぐる環境の評価＞
（1）基礎項目
　①家族構成
　②住居
　③父親の職業・収入

> （２）保護者について
>   ①父親・母親の状況
>   ②母親の精神的環境
>   ③父方祖父母、母方祖父母の住所
> （３）その他
> **関係機関**
> **それぞれの相談経過**
> **本児の診断名・各科資料など**
> **各機関の担当相談者**

　本人の生育歴や園や学校での状態については別途です。
　ここにあげた子どもをめぐる環境の評価はごく基礎的なものですが、これすらも個人情報の関係で、現在は園や学校が把握できないものが多いのです。たとえば、父親の職業や収入は、その家の生活にとって一番大きい生活基盤です。しかし今ほとんどの園や学校が把握できていません。個人票のその欄がなくなっています。すぐは無理かもしれませんが、継続した支援の中で無理のない程度に把握していくしかないかもしれません。収入はもちろん重要ですが、父親の職業や勤務形態などは家族、特に母親の精神的安定のためには大きな要素であることはまちがいないでしょう。
　家族構成は児童票などで把握できると思いますが、それも支援を考えると重要です。その子が一番上で下に弟妹が何人かいる場合などを考えると、治療のために週に何回もどこかに通うことは、現実には難しいと考えます。どうしても必要なのなら弟妹の預け先、たとえば保育園探しなどを先に考えなくてはいけないかもし

れません。住居は家庭訪問などで把握できますが、住居の形態も子どもの生活にはとても影響があります。生活のリズムの指導などをする時は、そこを充分考慮しながら行うべきです。

　保護者の欄の〈父親・母親の状況〉については、抽象的な項目名にしましたが、やはり支援には社会生活対応力のようなものの判断が必要と思います。生活設計力、問題対処力、社会資源対応力、のことです。ここも福祉機関などとちがい、園や学校では判断が難しいところです。しかしなんといっても母親の生活処理力や、生活感覚のようなものは、子どもをめぐる環境としては最重要項目になります。

家族支援は「個別化」(各家庭への判断) が原則 (2)
〜生活能力など事実を冷静に把握することが大切

　園や学校の先生がものごとを善意に解釈してしまうために、かえって支援が届かない場合があります。私の経験ではかなり多い現象です。悪意に解釈することはもちろんしてはいけないことですが（p.171 〜の〈バイスティックの法則〉を参照）善意に解釈しすぎることも支援対象の判断にはなりません。事実を冷静に把握し、その家族・家庭に合った支援を考えるべきだからです。

　たとえば前項で書きました〈母親の生活処理力〉についてです。非常に重要と書きましたが、判断が抽象的になりがちなところではあります。たとえば、毎日の送り迎えの様子、子どもの着衣や

持ち物への配慮、園や学校でお願いした提出物などが期日通り出るかどうか、指定したものがその通りになっているかどうか、など判断する機会は日常的には多いのです。それを批判的に判断するのではなく、まず事実を把握しましょう。そのうえで、こちらが配慮するべきところ、協力できるところ、支援しなければならないことを考えます。

　ある地方の療育機関のスタッフのコンサルテーションに、おうかがいした時のことを書きます。〈生活のリズム〉の作り方を親に伝えていくためのコンサルテーションでした。親への勉強会の方法やレジュメの作り方、生活リズムを作っていく方法などについて助言をすすめていきました。各親に3週間つけていただいた生活のリズム表を前に、親への助言をどのようにしたらよいか考えました（生活のリズムについてはp.125〜参照）。

　その時に全部白紙で提出している事例がありました。名前は記入してありますが、なぜかフォーマットのままで、記入していないのです。「この人はなぜ白紙（無記入）で出してきたのですか」と聞いても、スタッフは「さあ…」「忙しくていっぱいいっぱいだったのではないでしょうか」などという発言です。「子育て中だし、他のきょうだいもいるし、忙しいのはみんな忙しいよね。その用紙自体を家に忘れてきちゃったということはあるけど、無記入で提出っていうのは珍しいよね。なぜだろう…」私の何回かの問いに、そのスタッフは答えられません。あとからわかったことは、その母親がなんらかの主訴で神経科に通院していた人であったということなのです。どうやら自分自身の生活のリズムもとれず、記入するのがとても負担であったと考えられました。そういう場

合は記入することは今はすすめないほうがよいかもしれないのです。

　前項で書きました〈環境の評価〉で、母親の精神的環境という項目があります。母親自身のことはもちろんですが、他には、夫婦の関係や母親が父方祖父母にどう受け容れられているか、なども大きな要素です。また母親自身の親がどこにいて、どのような協力体制がとれるか、も同様です。このことは詰問調に調べるより、日常のやりとりの中で、「お母さんのご両親はどこに住んでいるの？」とか「時折遊びに行くんですか？」などという会話で把握できていけばよいのではないか…と思います。その時に子ども（祖父母にとっては孫）のことをどうとらえているのか…ということも浮き上がってくると思います。それから母のきょうだいなどがそばに住んでいて協力が得られる関係かどうか…母自体が友人や近隣とどういう関係でいるか…なども母親の安定度には関わってきます。

　〈社会で育てる〉考え方はもちろん大切なのですが、こういったいわば精神的、情緒的な協力は、やはり母親を安定させる大きな要素なのです。

　もしすでにどこか関係機関につながっているのでしたら、そこに主な相談者（たとえばソーシャルワーカーや保健師）がいるかどうかや、母親が安心して相談できる関係かどうか…も把握します。さらにタイミングをみて、「できれば園でも参考にして保育に活かしたいから、その人と連絡をとってもいいですか」と聞けるとよいと思います。

家族支援は「個別化」(各家庭への判断) が原則 (3)
~可能なところから支援していく

　事実を冷静に把握してその子どものバックグラウンド～背景がある程度わかったら、次に支援の順番を考えます。当然ですが、その家の状況がわかった時、批判的に言うのは〈子どものまわりにいる専門職〉とはいえません。

　鉄則は〈その家ができること、可能なところから〉です。ですから〈こちら側が考える支援の順番〉と〈伝えていく順番〉はちがうのです。どうしても「あのお母さんがこうしてくれたら…もっとよくなるのに…」と考えがちです。たしかにそうだと思います。しかし、その家でできないことを提案しても苦しくなるだけですし、親も子どもも苛立ったりして、結局よい結果にはつながりません。p.95 でも後述しますが、「この児童の親に整理整頓ができないことを伝えたい」と言った学校の先生に、「方法論がわからない親にそれを言うことで、結局子どもを苦しませることになる…」と伝えました。それを言うことでこちら側は気持ちが楽になりますし、そのことが解決すればこの問題は根本的に解決する…ということはたしかにあります。しかしその家ができないことを伝えることを、どのぐらい支援する側が我慢できるか…ということは専門職としての技量を試されることなのです。そのことを私は当時一緒に勤務していた児童精神科医に教わりました。たしかにその通りだと思います。自分自身に立ち返っても、どんなにそれが正しいことであっても、自分が到底できないことをつきつけられるのは苦しくなります。

Part3　具体的な支援策をどのように伝えていけばいいのでしょうか

　ある事例です。ある保育園にコンサルテーションにおうかがいした時に3歳児で発達がやや遅めの男の子の相談を受けました。その子の母親はおせんべいをあげるぐらいで料理をまったくしない、パチンコが好きで子どもをほったらかし…という事例でした。お迎えに来た母親を見てびっくりしました。その母親自身が、私がある療育センターで若い頃担当した子どもでした。シングルマザーになっていました。母親の理解力は悪くはないのですが、生活処理力も低く、保育園にも来たり来なかったり。子どもを可愛がってはいるのですが、うっかり子どもが死んでしまうことがあるかもしれません。いろいろ言いたいことはやまやまでしたが、とにかく「家を8時に出る、8時半には保育園に連れて来る」と「4時には迎えに来る」の2点だけを伝えました。園には「今月8回しか連れて来れなかったら、来月は9回を目指そう。とにかく今はそれだけ。栄養は二の次、保育園のお昼とおやつだけでもいいから…」と伝えました。

　それから3か月後、2回目の訪園をした時に、保育士から「第一の目標は達成できました。ほとんど毎日8時半には連れて来ます。迎えは4時には来ます。逆に正確で、3時半でもいいのに、早く来すぎた時は前の公園でたばこを吸って時間調整しています」とのこと。毎日園に来れば、保育の中での様々な工夫ができます。迎えに来た母親に「園の中でできることは保育士さんに工夫していただくから、とにかく連れて来てね」ということと「わからないことはなんでも保育士さんに聞きなさいね」と伝えました。それ以後、「てんかんの薬を飲んでいるけどプールはどうしたらよいのか」「学校に入学する時はどうすればよいのか」など

わからからないことは全部保育士に聞き、必要なことは保育士から私に連絡が来ました。その後、就学相談で学区の校長のところに行った帰りに私の勤務先によってくれました。「この子が校長先生によく見てもらえるように」と可愛い服装をさせ、学校の大人のスリッパでこの子が転んだら困るから…と上履きを持参していました（最初の相談の時から上履きを持参する親はあまりいません）。それからも学校の先生や関係機関の職員に聞きながら、子どもを育てていきました。

　そういうことなのです。できる範囲の助言をすることで、育てる力が育ちました。その後、力の借り上手な母親になっていったのだと思います。

本当は
こう支援
したいけど…

その家庭で
できることから
コツコツと

支援する立場の者に必要なものの1つは冷静さ

Part3　具体的な支援策をどのように伝えていけばいいのでしょうか

地域の絆は思い出になってしまうのでしょうか

　今から25年前、娘が小学校3年生だった時です。担任の先生がこのようなことを実践してくださいました。多分今ではこのような試みは行われないだろうし、保護者の状態も多様なので、おそらく実践不可能なのでしょうが参考までに書きます。

　クラス全員に廻る巡回ノートを作ってくれたのです。最初のまわりの時には、子どもたちがそれぞれ、自分の家のことを書きます。次のまわりの時には親（主に母親でしたが、両親で書いた人もいました）が自分のことを書きます。

　同じクラスにいたSくんの母親はいつも学校にあらわれません。懇談会も参観日にも来たことがありませんでした（今は珍しくないのでしょうが、当時その学校では珍しかったのです）。Sくんは参観日にはいつも後ろを振り向いて、自分の親が来ているかどうかをたしかめているのがわかりました。行事の時も姿を見せないので、親は子どもをほったらかしにしているのだろうか…と何人かの親が危惧していました。地域のサッカーの試合にも、みんな母親の手作りのお弁当を持ってきているのに、Sくんだけは買ってきたパンでした。

　ところがまわってきたノートにSくんの次のような記述があったのです。

「僕の家はお父さんがいません。お母さんは、夜の間お仕事をします。朝早く帰って来ます。朝まだ僕たちが寝ている時に、部屋のストーブをつけておいてくれます。それは僕やお兄ちゃんが起きた時に寒くないように、です。

89

僕は冬の寒い時でも、朝起きたら部屋が暖まっていて、気持ちよく起きられます」

　胸がつまりました。そうなのか…それでたまに懇談会に来た時にも居眠りをしていたのか…とＳくんの母親の実情がわかったのでした。

　また次のまわりで、親が書く番の時に、Ｓくんのお母さんは自分の生い立ちや、離婚してひとりでふたりの男の子を育てていること、夜の仕事なので、どうしても体がきつく、昼間の学校の行事に出席できないこと…息子たちのことをふびんに思っていること…などが書かれていました。

　おそらく親の誰もが心の中で了解したのだと思います。ある母親はＳくんに「参観日、お母さん来られなくても、おばさん（自分のこと）がＳくんのお母さんのかわりだからね。よーくＳくんのところ見ているからね」と言っていました。またある母親は「今度のサッカーの試合にはおばさん（自分のこと）が家の子のとＳくんのとお弁当作っていってあげるからね」と言ってあげていました。Ｓくんは小学生にしては技術の高いポイントゲッターでした。Ｓくんはお母さんに報告していたのだと思います。卒業式のあとの謝恩会でＳくんのお母さんは泣きながら「みなさんありがとう」と感謝を伝えていました。

　下町の小さな小学校でした。担任の先生は絆のためにこのような試みをしたのでしょうか。あの頃はみんなの子、みんなの親、というような暗黙の認識がありました。私も我が子が中学生だった時、友だちのお母さんが入院したので、その子の分もふたつお弁当を作って持たせていました。手間はたいしたことではありま

せん。また仕事をしている私のかわりに、家にいるお母さんが学校の用事をやってくれたこともあります。私も少し遠くの遊園地に行く時などは、必ず近所の子を誘って行ったものです。

　自家用車やコンビニの出現は便利にはなりましたが、地域の連携を失わせたのではないか、と思います。自家用車があれば、その家だけでレジャーは成立します。またコンビニがあれば、隣の家にちょっと今必要な何かを借りにいく…ということはしなくてもすみます。今では電話の連絡網でさえ、個人情報だから…とみんなに配布することもありません。

　ここに書いたことは思い出の世界の話だけになってしまうのでしょうか。

心をつなぐ"ツール"だったノートも"個人情報"として消えていく

好きなことば・好きな場面 4

【はろけく遠きかの如月は】

（皇后陛下御歌集『瀬音』より）

　全文は「音さやに懸緒きられし子の立てば　はろけく遠きかの如月は」であり、皇室の成人式にあたる、加冠の儀の光景のことを詠んだ歌です。黒い冠をかぶり、そこにつけられている白い懸緒をあごの下で結び、その先をはさみで切る儀式なのだそうです。

　きっとおごそかで静寂な中にそのはさみの音が響き渡ったのでしょう。すっくと立っている成人した我が子を見て、出産した2月に思いを馳せたのではないでしょうか。

　歌を詠む人のあいだでも評価が高いと言われる美智子皇后の歌です。私は歌はまったくの素人ながら、美智子皇后の歌が昔から好きでした。歌会始めの歌や、婦人雑誌に写真つきで載っていた歌を切り取っていました。特に歌会始めの「星」のお題の時に詠った「幾光年太古の光いまさして　地球は春をととのふる大地」は、地球を星にたとえていて、その雄大さに心うたれました。

　「若菜つみし香にそむ我が手さし伸べぬ　空にあぎとひ吾子はすこやか」などは、母でこそ感じられる瞬間を見事にあらわしていて、思わず「そうそう」と立場もちがうことも忘れて感動したものでした。

　この頃は「かの時に我がとらざりし分去れ（わかされ）の　片への道はいずこ行きけむ」に感じ入るものがあります。

　皇后御歌集として出版されたので1997年までのすべての歌が載っており、心静かになりたい時に開く歌集です。

　冒頭の御歌を目にするたび、自分が経験したたった一度の出産の6月を懐かしく思い出します。

出典：『皇后陛下御歌集　瀬音』皇后陛下美智子様／著　大東出版社

Part 4

特に発達障害が疑われる子どもの
保護者に対しては
どのように支援を考えたら
よいのでしょうか

発達が遅れていることを親に伝える前に
～信頼関係の構築を

　各園に出向くと、どうやって親にこの子の遅れていることを伝えたらよいか…ということが一番の課題になっていることが多いのです。先生方の気持ちもわかりますが、そこから支援をはじめるのは難しいです。

　なぜなら、親なら誰でも「我が子が…」ということを、受け容れるのは難しいのですが、特にこの頃増えている発達障害の疑いのある子どもですと、なおさらそれを認めにくいものがあるからです。顔貌に特徴はありませんし、運動面の発達も表面上は遅れがあまりありません。また少し特殊な能力（他の子より電車の名前を覚えるのが得意など）があったりすることも多く、なおさら認めにくいと思います。また家の中ではそれほど問題が大きくないということもあります。つまり集団になると問題が顕著になるタイプともいえるのです。

　気になる子であれば先生方が気づいたその日から、園での配慮や工夫ははじめるべきなのです。親にわかっていただいてから…ではありません（拙著『あなたのクラスの気になるあの子』参照）。こういった子どもに対してどのような配慮が必要かを先生方がまず知っていることが大前提なのです。そしてその配慮方法を確認してから伝えていきます。

　「お集まりの10分前ぐらいから予告して、一緒に片づけをはじめるようにしていると、うまく切り替えられます」とか「朝のおしたくの順序をクラスに貼り、このように（やって見せる）介

助しながらやっています。最初は完成まで手伝い、だんだん介助を少なくして今は介助しなくてもできるようになりました」「お家でもやってみるといいですね。朝は忙しいと思いますから、帰宅してから、リュックの中から空のお弁当箱を出して、などの動作を介助しながらやるといいですね。できるようになったら、だんだん介助を減らすといいと思いますよ」などなど、園で行っていることを具体的に報告ができるといいと思います。

　私がある学校におうかがいした時、「この子が整理整頓ができないことをどうしても親に伝えたい…」と言った先生がいました。「先生はその対応方法を知っているんですか」と聞くと、「いやわからないからこそ、伝えたい」と言うのです。「それなら親はもっとわからないと思いますよ。伝えたら、先生は楽になるかもしれないけど、親はもっと苦しくなります。それで、子どもを叱ったり注意するだけなんですよ」そしてこの子たちの自己不全感はもっと大きくなります。

　たとえばそのことでいえば、この子たちの特徴のひとつに、〈触知覚〉（見なくても触っただけで物がわかる感覚）が弱い子が多いということがあります。ポケットの中にバイクの鍵と玄関の鍵が入っていたら、私たちは触っただけで、目で見なくても区別できます。これが触知覚といわれるものなのです。これがあまりよくない子にとって、学校のあの〈のぞかないと見えない机〉は、たいへん難しいものです。お道具箱を中に入れているクラスもありますが、なおさらやりにくいのです。だからたいてい〈要配慮児〉たちの机には、物がぎっしりつめこまれていますし、席のまわりに物が散乱してしまうことが多いのです。ほんとうは机に合う引

き出しなどがあれば一番よいのですが、ない場合は机の横にボックスを用意していただきました（そのため席は窓際がよいと思います）。これですと、上から目で見えるので、教科書、体育の道具、給食袋などが一目でわかります。たちまちその子は机まわりを散らかさなくなりました。そのうえで親にそのことを伝えたのです。「家でもそういうのを用意してみます」と言ってくださったそうです。

「我が子はそういう配慮が必要な子なんだ…」とだんだん理解していってくれたら、そして配慮をしてくれる園や学校との信頼関係ができていったら、受診をすすめてもよいのではないか…と思います。面談には、主任や園長が同席して「これからも協力していきますよ」という姿勢を見せることも大切です。

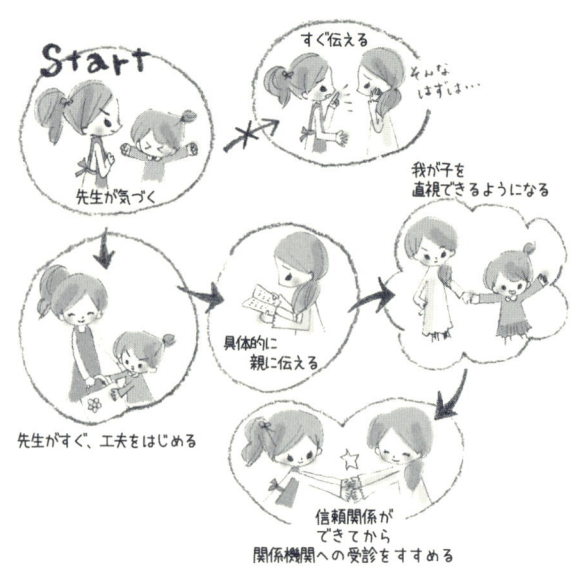

発達の遅れを伝えるためのステップ

Part 4　特に発達障害が疑われる子どもの保護者に対しては…

適切な助言とフィードバックが重要

　家の生活のほうが時間的には長いので、親のほうが対応の仕方はわかっている場合もあるのですが、やはり、子どもの苦手な部分に関しては、親だからこそ客観的にわかりにくいものもあります。

　たとえばことばかけの仕方です。意味の理解が苦手ですから「どうして？」「何を？」「どうするの？」など５Ｗ１Ｈの問い方ではわからないのです（ことばの使い方の基本については『あなたのクラスの気になるあの子』参照）。それなのに日常的にはそういうことばかけを一番多くしがちですし、それで混乱させて、叱る…といったことも多くなります。お迎えに来て「どうしてあなたは、○○を忘れるの。どうして…」と延々に叱っている母親をたびたび見ます。

　母親が冷静な時などに「今はまず、するべきことを結論から言ってあげたほうが、わかりやすいようです。園では、『お外に出ようね』とか『お靴をはこうね』…というとわかりますから」などと伝えてあげてください。「これができるようになったらふたつの選択肢から本人が選ぶようにしていきたいと思います。どっちにするの？　とか…」と伝えてあげましょう。

　また切り替えの悪さについても、「園では前もって10分前ぐらいから予告して、だんだん片づけていくとうまく切り替えができますよ。〈突然〉ということが、今は苦手なんだと思います」と「今は」…ということをつけ加えながら、伝えてあげてください。

もちろん対応の方法をまず、園の先生が実行してみて、わかっていることが前提です。園の先生こそ混乱させている状態であってはいけません。

　また何かを伝えた時、親からの「家ではできるんです」との発言が多いものです。家では登場人物も少ないし、あまり突発的なことは起きないので、たしかにできるのかもしれません。

　「そうですね。お家ではできているのかもしれませんね。でも園では周囲にお友達もたくさんいますし、気も散りますから、たしかに集中しにくいのかもしれませんね」と、いったんは認め、「これからはお家でできていることを園でもできるように練習していきましょうね。お家でできたら、次は集団の中でできるようになればいいですよね」と伝えましょう。

　また着脱の方法や衣類への印のつけ方などについて助言することができたら伝えてみましょう。しかし、親の状態によってはそこまで伝えられない…という場合もあります。そういう時は、「お母さん、これから買うとしたら、今は、バックプリントのものはなるべく買わないで、前に少しロゴプリントのあるものでしたら、わかりやすいですね。そのうちタグなどで前後が判断できるようになると思いますが、それまではね」

　それから、着脱しやすい生地（スェットタイプなど）に変えていただく…とか、ぴちぴちのでは着脱しにくいので、これから買う時は少し大きめのものを…お弁当のごはんの量を少なめに…ごはんやおかずを一口サイズにしていただく…などの助言も比較的伝えやすい助言です。

　発達のことを言うより、日常生活上の助言のほうが伝えやすい

し、親のほうでも受け取りやすいのだと思います。そういった生活上の助言と、親がそれにこたえて工夫してくれたことに対して、その結果、「上手にできるようになりましたよ」など、実際にどうであったか…をフィードバックして伝えていくことが大切です。

　園も協力して育てていきますよ…という姿勢を見せることが、一番〈我が子への受容〉につながります。それには生活上での取り組みが一番助言しやすいし、一番わかりやすいものです。

　こういったいくつかの助言やフィードバックの結果、子どもにも変化があらわれ、親との信頼感ができた…という報告はよく聞かれます。何か伝えたら悪いから…と何も伝えずに卒園させてしまう園と、できないこと、遅れていることだけを伝えたがる園もありますが、両方とも逆効果ですし、子どもの未来のためにはなりません。

ことばの理解が苦手
お外でようね
おくつはこうね
どっちにするの？

切りかえが苦手

着脱が苦手
前にロゴプリントのある服を
スエット風の服を
大きめの服を

やることを
前もって予告する

子どもの苦手…園から具体的な協力姿勢を示すことで
親も素直に受け取れる

障害受容のプロセスについても知っておいてほしい

　誰でも「がんです」と診断名を告知された時に、それを自分の中に受容していくための葛藤があります。まして自分自身でなく、それが我が子のことであれば、不憫さや罪障感やまた自分の努力だけで解決できることではありませんから、親としては非常に複雑な経過をたどります。子どものそばにいる専門職の方々は、ある程度このことを知っておいたほうがよいのではないかと思います。1996年に児童精神科医の佐々木正美医師が、私たち横浜市の療育センターのソーシャルワーカーに講義した〈障害受容のプロセス〜受容から新しいアイデンティティへ〉の資料を紹介します。

(1) **精神的打撃と麻痺の状態**：愛する我が子の障害という衝撃のために、一時的に現実感覚が麻痺する状態に陥る。一種の防衛的な心理機制と考えられる。
(2) **否認**：子どもの障害という事実の受容を拒否する。自分の子どもに障害があるはずがないという思いが強くなり、障害を否定することができそうな事実にばかり注目して、障害を直視しない。
(3) **パニック**：時間の経過とともに、障害から目を背け続けることができなくなって、否認や拒否ができなくなる時期がくる。障害があるのかないのか、収拾がつかない状態になり一種のパニックに陥る。
(4) **怒りと不当感**：混乱が徐々に収拾に向かってくると、子どもの問題が正確に見えてくる。それと同時にやり場のない怒りや、自分たちの家族にだけ不当に不平等な苦しみが負わされたという現

実に対する受け容れがたい不当感が実感される。

(5) **敵意と恨み**：障害を持たない家族などへの対象の不明確な嫉妬、羨望、敵意、恨みといった感情の処理に苦しむ。

(6) **罪意識**：以上のような感情や心理状態の経過の中で、問題の直視が進み気持ちが冷静さを取り戻す段階に入ると、内罰的な気分への移行が始まり、罪責的な感情に支配される。障害のある子の出生に、親として明らかな過失や原因などないのに、因果関係が不明なままの罪責感や自責の念に苦しむ人も多い。悲嘆の感情を代表する心理的反応で、過去の行為を悔やんで自分を責める。

(7) **孤独感と抑鬱感情**：悲嘆の感情を克服するための健全な心理過程と考えられるがこの時期は周囲の援助が特に大切である。

(8) **精神的混乱とアパシー（無欲・無関心）**：孤独や抑鬱感情と近縁の感情で、日常生活における目標を見失った空虚な状態になる。周囲からの積極的援助が必要である。

(9) **あきらめから受容へ**：本格的な回復から再生のはじまりである。〈あきらめ〉とは自分の置かれた状況を〈明らかにする〉ことであり決して消極的な態度ではない。むしろ勇気を持って積極的に現実に直面するようになることである。

(10) **新しい希望、そしてユーモアと笑いの再発見**：ユーモアと笑いは健康的な生活に欠かせぬ要素であって、その復活は悲嘆の過程を乗り切った証しでもある。

(11) **新しいアイデンティティの誕生**：苦悩に満ちた困難な過程を経て、新しい価値観やより成熟した人格を持つものとして生まれかわる。

　このことについて次の項でもう少し詳しく考えてみたいと思います。

障害受容のプロセスを現代に置き換えて考える

　前項のプロセスを誰もがその順番でたどるわけではありません。しかし基本的に、期間はいろいろですがやはりこのような心理過程はあるのではないか…と理解しながら支援を考えることが大切です。また15年たつと隔世の感があり、現代ではだいぶ変化しています。

　〈1 精神的打撃と麻痺の状態〉の段階は、今も同様でしょう。

　〈2 否認〉の段階でいいますと、当時は書物くらいしか知る手段がなかったのですし、専門家でもいろいろな考え方がありました。それでもやはり自分の子の状態には該当しないところを見つけて、誤診ではないか…と思いたい親は多かったです。現代は瞬時にインターネットで検索したり、また親たちのブログもかなり多いので、情報は早く手に入れることができます。診断基準もある程度統一されてきました。それでも〈自閉症〉関係の漫画やテレビドラマなどを見ると、その「ひとりの場合」を見て、「我が子は自閉症ではない」という親も多いです。親たちのブログや個人的手記が励みになる場合もありますが、逆にそれはその個人の場合なので、当然ですが、必ずしも自分の子にあてはまらないところもあるのです。それが原因で不安感が増す場合もあるので、そばにいて支援をする人は留意が必要です。

　この7、8年の傾向として、一番特徴的な箇所は〈4 怒りと不当感〉と〈5 敵意と恨み〉ではないかと思います。不当感や敵意は多くは一番先に指摘した保健所（福祉保健センターの保健師）

Part 4　特に発達障害が疑われる子どもの保護者に対しては…

などに向けられることが多いのです。ちょっとしたことばや対応の仕方を攻撃することが、以前より強いですし、期間も長いです。支援で一番難しい時期です。ここを長くしないためにも、そして不安感が大きくなりすぎないためにも p.106 に後述するようなグループによる支援はある程度有効と考えます。〈7 孤独感と抑鬱感情〉のうち抑鬱感情が強くなりすぎないためにも、「仲間がいる…自分だけではないと思える」といった形を作ることも必要です。そういう状態を作るために支援関係の機関同士の連携も行われなければなりません。

　次の場に行った時、以前の場の批判を言うことで、なかなか前に進めない人もいます。たとえば療育センターにつながった時にその前の福祉保健センターの保健師の批判が強く、それが長く続く時があります。そこで共感が大切だと思い、親と一緒に先方を批判する職員がいます。親にもよりますが、この場合はその方法だとよけいエスカレートします。そんな時、私はこのように助言しました。

　「お母さん、人はうまくいっていることを伝えることは誰にでもできるんですよ。でも気になるところがあることを伝えるのは、とても難しいことなんです。ここにつながるのが今より遅かったら、子どもさんはもっと難しい状態になっていたかもしれませんよね。少なくとも、ここで療育指導を受けることができたのは、そこに気づいて、一番先に言ってくれた人がいたからなんですよ。その人は誰よりもあなたの子どものことを考えていてくれた人だと思いますよ」

　ほとんどの親はこの説得で納得してくださいました。それどこ

ろか、「ほんとうに、うちの子どものことを心配してくれていたのに、私、保健師さんをののしっちゃったわ。悪いことしたかもしれない」と言う人もいます。「大丈夫ですよ。これから相談しても、またきっと支援してくれますよ。それがプロだもの」とフォローします。

　しかしこういうことを伝えるには相談されたこちら側、つまり支援する側が、保健師や保育士や幼稚園教諭としっかり連携し合っていることが前提なのです。

　そういう意味では、今では学校も含めて機関同士の連携は、以前よりずっと進んできました。少なくとも横浜市では…です。

　他の地域はどうでしょうか。障害受容のために側面的支援の仕組みや技術がとても大切です。

療育センター、福祉センターへの理不尽な敵意がつのり
次の一歩が踏み出せない

好きなことば・好きな場面5

【そいで、ふたりでぬったんだ】

(絵本『ピーターのいす』より)

　妹のスージーが生まれてからお母さんはその世話に大忙し。
　「あれ、ぼくのゆりかご青いのだったのにいつのまにかピンクにぬっちゃったんだ」ベッドもピンクに塗られています。おまけに僕のお気に入りの青い食堂いすまでピンクに塗られそう。遊んでいて大きな音を出したらママに叱られるし…。ピーターは食堂いすやお気に入りのおもちゃを持って大好きな犬のウイリーと家出を決行します。といっても窓の外に出ただけなのですが。そしてママの気持ちをひく行動をします。ママがピーターの気持ちに合わせて反応してあげると、ピーターの心もほぐされていきます。その食堂いすにすわってみたら、もうピーターのお尻は大きくなりすぎていて入らなかったことにも気づきました。大人の食堂いすにすわったピーターの肩を、お父さんが抱いてくれました。ピーターは「おとうさん、あのちっちゃないす、スージーのためにピンクにぬろうよ」と自分から提案することができたのでした。

　下の子が生まれた時、上の子が感じる衝撃は実は想像を越えるものらしいのです。お兄ちゃんなんだから、と厳しくするより、赤ちゃんと同じように可愛がってあげると逆に早くにお兄ちゃんになる、といわれています。この本には、下の子が生まれた時の複雑な心情が、ピーターのひとつひとつの行動に細かくあらわれています。

　下の子が生まれた時、上の子にどう接したらよいかと悩む母親を前にしたら、理屈で話すより、まずこの絵本を読んであげたらどうでしょう…と、園の先生たちに私は提案しています。

出典：『ピーターのいす』エズラ・ジャック・キーツ／作・絵
木島始／訳　偕成社

早期の支援の大切さ（1）
～健診をした場所にグループを作ると通いやすい

　拙著『あなたのクラスの気になるあの子』でも書きましたが、早期療育の基本は〈養育意欲を失わせずに、毎日育児の工夫に取り組める親になるように支援すること〉につきます。「1歳半健診では早すぎる、5歳児健診で充分である」という学者の方の意見に従ってそういう施策を講じた自治体があります。あまり公表されていませんが、子どもたちの落ち着きのなさに拍車がかかり、その地域の学校では、対応に苦慮している様子がうかがえます。

　「1歳半や2歳で親を落ち込ませることはない…」というのが主旨のようなのですが、健診は親を落ち込ませるのが目的なのではありません。気になるところがある子の親と「一緒に育児の工夫を考えていきましょう」ということを伝えるのが目的です。もちろん実施側にその育児の工夫を伝える場がないとだめですし、育児の工夫を具体的にわかっていなければ意味がありません。

　それから5歳児ではなんらかの対応をはじめるには遅すぎます。早くにはじめたら〈治るのか〉という議論がありますが、それはちがいます。脳の障害はそれほど簡単なものではありません。ただ「難しい子にしない、暮らしやすい子にする」ということなのです。脳の発達の速度からいっても発達期にある時に、ある種の対応をすることで、困った行動が身につかずにすみます。その困った行動で、後年どんなに本人も保護者も苦しむことでしょう。後々までフォローすればわかります。

　私の経験では、1歳半健診後、2歳代までになんらかの指導を

はじめることがとても重要です。残念ながら3歳代の後半で指導をはじめてもかなり改善は難しいのです。取り返しがつかないわけではありませんが。これは療育の現場にいる者なら誰でも実感として感じていることです。1歳半健診のやり方と、その後の具体的フォローがその子の人生を決めてくる…といっても過言ではありません。

それでは対応方法を具体的にどのように伝えたらよいのでしょうか。率直にいって、そのような方法論を持っている自治体があまりないのは残念です。具体的な方法論がなければ、その健診の場で「様子をみましょう」「大丈夫でしょう」という伝え方になってしまいます。そういうところはかなり多いと予想されます。後々までフォローしない人が気休めを言いがちです。

気休めを言われると親は一瞬ほっとしますが、そのうち育ちにくい現状にだんだん不全感がつのりはじめます。はっきりとした告知も気休めも、どちらも親を傷つけます。

1歳半健診をするなら、まず〈それを行うパブリックな場所にグループを作ること〉が重要です。パブリックな場所というのは福祉保健センターなどのことです。予防注射や各種の用事で訪れる場所です。そういうところには親の気持ちとして通いやすいのです。何か気になることがあって、ストレートに療育機関などにつながるのをすすめることは、その助言を受け取る側の親の精神的負担が大きいのです。

グループはほとんどの自治体が持っているようです（問題はその内容なのですが）。たしかに早期はグループが有効です。「みなさん」という伝え方は伝える側も受け取る側も負担が少ないものです。

まずグループの効用は

- 導入がマイルドにできる
- 自分の子だけではないと思える
- 他の親の育児方法も学べる
- 伝える方も受け取る側も負担が少ない
- 通うところがある…という安心感

などです。

この〈グループがある〉ということがまず大切です。健診で何かを伝えて、ただ「様子を見ましょう」と言って不安感だけを与えるのなら健診の意味がありません。

早期の支援の大切さ（2）
　　～グループの内容をよく考えてみましょう

たしかに今は多くの自治体でグループを作っているようです。しかし、その内容が問題です。たまたまコンサルテーションを依頼されておうかがいした、いくつかの自治体の1歳半健診後のフォローグループ（遊びの教室とか、親子教室とか、あるいはクレヨンとかバンビなどネーミングがついているところもありました）は、ほとんど（失礼な言い方ですが）、ただ子どもを集めて時間をすごしているだけのグループばかりでした。

中にはむしろかえってこの子たちを混乱させるような内容もありました。グループの内容については次のようなことを考えることが必要です。

❶物理的、時間的、聴覚的に整理された内容であること
❷感覚統合的要素の入った親子遊びがあること
❸必ず親勉強会がセットされていること
この３つは基本中の基本です。

まず❶でいえば、朝来たら、靴やリュックなど自分の物をどこに置くかを明確にしておくこと（これは前著を参考にしていただくとわかりやすいのですが、朝のしたくなど、すべて脳のネットワークの練習なのです）。それから壁面装飾などが多すぎないこと、リーダー保育者の立ち位置、サブリーダーの立ち位置も重要です。朝の自由時間に出すおもちゃと、一連のことが終わった自由時間に出すおもちゃもよく考えること。

それから時間的整理です。

> 朝のしたく→集まり（ペープサートやパネルシアターなどで注察させる）
> →課題保育（ふれ合い遊びや音楽に合わせての粗大運動、リズム遊びなど）
> →自由時間（この時、お母さんは勉強会）→帰りの集まり（朝と同様）
> →帰りのしたく

このプログラムにはそれぞれ意味があります。毎回だいたいこれで決め、集まりの内容や課題の中味を変えていきます。少なくともひとつのものは４回（週１回であれば１か月）続けたほうがよいのです。この方法で行うと大枠は同じなので、子どもが少しずつ変化していくのがわかります。逆のようですが親に子どもの状態を理解していただく第１歩は、親が子どもの変化していく様子を確認していただいた時なのです。

聴覚的整理に関しては、ことばの意味理解が不充分な子どもたちですから、たくさんことばかけしては、むしろ混乱するのです。

それから「どうして＊＊するのかな」「何するのかな」など５Ｗ１Ｈの質問も、ついしてしまいますが、実は混乱しがちなことばかけなのです。ことばについては…

★やさしく短く結論から…５Ｗ１Ｈの質問はなるべくしない。

★手をそえる…介助は最初は完成形からです。回数を重ねてだんだん手をひいてくるやり方が適しています。

★声のボリュームを落とす、スピード、トーンに気をつける。
　…声のボリュームはしぼったほうが、子どもたちの注目度が上がります。スピードは速すぎてもだめですが、ゆっくりすぎても気が散ります。トーンは口調とか声質のようなものですが、これも子どもの耳に入りやすいトーンを探してみてください。甲高い声やかすれた声などは、かえって混乱しがちです。

★抽象的なことばを使わない…多い、少ない、もっと、そば、反対、などなど、なんとなく使ってしまいがちですが、とてもわかりにくいものです。

★おどす、交換条件、叱るなどをしない…強い口調や脅しや交換条件などもかえって混乱させます。段取りなど考え、叱らずにすむ方法を考えましょう。

　他の聴覚的整理でいえば、音楽を鳴らす時の音の大きさも考えてほしいですし、いっぺんにたくさんの先生がことばを発する状態もよくないのです。

　この子たちは、軽めの子であっても、神経の深い部分にある種の特徴を持っていますから、普通の子とは明らかに対応方法がちがいます。早期の支援をする方々は、まずそれを身につけていただきたいと思います。

Part 4　特に発達障害が疑われる子どもの保護者に対しては…

早期の支援の大切さ (3)
〜感覚統合的な楽しいプログラムを入れましょう

　早期の支援—感覚統合という理論は非常に難しいのですが、これも拙著『あなたのクラスの気になるあの子』を参考にしてください。この子たちの持つ脳の深い部分での、個人差を越えた不器用さは、日常生活をかなり難しくしています。表面上は人との関わりの部分の弱点が目立ちますが、深部にたくさんの問題を抱えているのです。様々な感覚の基になる触覚や前庭覚が、普通の人の個人差範囲の感覚とまったくはずれて、過敏すぎたり鈍感すぎたりします。その上の視覚、聴覚、味覚、嗅覚などもうまく働いていないのです。見た目ではわかりませんが、多分様々な感覚が私たちとはちがう入り方をしていると思います。

　グループのプログラムに取り入れるべき2番目の項目が、p.109-❷感覚統合的要素の入った親子遊び　です。
　親子の〈ふれ合い遊び〉といったネーミングでよいので（トレーニングという考え方は小さい子にはふさわしくないので）、この基本的感覚を入れた遊びをたくさん考案し、実施してほしいのです。歌に合わせてつついたり、こすったり、揺らしたり…グループを行う保健師・保育士の方々は、ぜひこのようなプログラムをたくさん用意してください。
　たとえば触覚関係でいえば、円陣になり、それぞれの子どもを前に寝かせて「バターをぬって、塩ふって、はさんでギュー…」や「ラララぞうきん、ラララぞうきん、ぞうきんを縫いましょう、

ちくちくちくちく…」など、楽しいふれ合い遊びをもっと開発してみてください。

　それから前庭覚関係の一例を書くと、リズム感のある音楽にのせて、お母さんが子どもをおんぶして揺らしながら走ります。
〈揺れ／円にそって丸く走るといいですね〉ある程度走ったら…
〈高さ／今度はお母さんが子どもに自分の指を握らせてぐっと上にあげます〉それである程度走ったら…
〈反射／今度は子どもの手を自分の首に巻きつけ、お母さんは飛行機のように腕を広げます。その時、子どもの腕と足がグッとしまったら反射の練習になります…反射もとても弱いです〉

　さらに脳からの出力の部分も合わせて考えてみます。組み合わせての動きや、脳からふたつ以上の部分にちがう命令を出すということが大変苦手なのです。〈考える〉という高次の働きができるためには、この基礎的な働きをする部分を、ネットワークよく組み合わせながらの練習が必要になります。ただ普通に走り回っているだけではネットワークが作れません。音楽に合わせて、ゆっくり、手を振りながら、あるいは線の上を…など意識的な動きをたくさん入れて、リズム運動を作っていただきたいと思います。手を振りながらゆっくり歩くという簡単な意識動作でも、かなりこの子たちには難しいことがわかると思います。ピアノに合わせて（聴覚）、線の上を（視覚）、足で動きながら腕の動きも入れていく…などという組み合わせの運動を小さいうちから取り入れてほしいものです。もちろん楽しい雰囲気で行うことが大切です。

　様々な組み合わせの意識動作を体験し、その上で最も高度なも

のが〈静止〉になるのです。今学校でもきちんと姿勢がとれない子が半分以上いるのです。自然な動きだけでは脳のネットワークが作れません。こういうことをくり返していると、だんだん感覚が整理されていき、少しずつ見ること聞くことなどができるようになっていきます。このように子どもたちの変化を親に見せていくことは「そうか、このぐらい工夫が必要な不器用さを持っているのかな…」という親の子どもへの理解につながってきます。

おうかがいしたグループでは、多くのところでトランポリンをやらせたり、紙やぶりや、中にはボディペインティングをやらせたりしていました。このような遊びは自己刺激行動が増すばかりか、日常生活でのトラブルに結びつきがちなのです。家でもばたばたジャンプしたり、やたらに紙やぶりをします。

残念ながら普通の子とはちがう、様々な深部のハンディがありますから、特徴をよく考えてプログラムを構成してください。

早期の支援の大切さ (4)
～毎日取り組んだほうがいいことを積極的に伝えていく

親勉強会がセットされていること、と p.109-❸で取り上げたように、実はこれこそ、早期にグループをする一番の目標であるともいえます。発達障害児への早期の支援は、こういった具体的な親支援が一番重要なのです。つまり毎日何に取り組んだらよいのか…を親に知らせていくためのものであるからです。各地のグループはとにかくこれが足りなかったといえます。これも大変に技術が入ります。とにかく落ち込ませずに、なおかつ育児の工夫

が必要な子である…ということを伝えていかなくてはなりません。

　気になるところがあるのに、何をどうしたらよいのか教えられず、次の相談まで3か月も待たされるということであれば不安はつのります。今日からどうしたらよいのか…ということを具体的に伝えられなければ、健診の意味はありません。

　これは福祉保健センターのグループに限ったことではありません。療育機関でも同様です。診断名を伝えられても、今日から何をどうしたらよいのか…が伝えられる早期グループは療育機関でも必要です。ある意味、診断名よりも暮らし方が伝えられるかどうか、が専門機関の役割なのではないでしょうか。

　〈毎日取り組むことがある〉ということは人を安心させます。

　どの子どもにもある〈生活の要素〉で伝えることなのです。誰にでもある生活の要素とは何でしょう。生活のリズム、食事、着脱、運動、などなどです。さらに困った行動への対応の仕方、ことばかけの仕方、などです。いわゆる育児なのですが、すでに書いたように、この子たちは普通の子とちがった難しさがあるので特別な方法が必要なのです。

　時間的整理のところで書きましたが、親勉強会はグループプログラムに組み込んでおくことが大切です。必ずある時間帯になったら、毎回20分ぐらい勉強会を入れます。子どもはこの時は自由遊びになるので、勉強会のリーダー以外のスタッフ全員でみることになります。勉強会のために別室を用意したところもありますが、私は同室でもよいと思います。母子分離がこの場合の目的ではありません。分離できない子がいて大騒ぎになっても困るので、私はその会場の一角に、色のちがう絨毯などをひいてコーナーを作り行

います。離れられない子がいたら、ひざにいてもよいと思います。

　毎回、テーマ別に親たちが記入できるよう工夫されたレジュメを用意します。グループの時は筆記用具を持参するよう伝えましょう。またレジュメを入れるクリアファイルなどを親たちに用意していただくとよいと思います。最初の回の時にそれを説明します。「家の中にあるクリアファイルでいいですよ。何かの折にお店などでもらったのでもいいですよ」と。すると、その次の会の時にはほとんど全員用意してきます。「そうそう、これいいですね。お兄ちゃんが学校で使ったおさがりかな」などとファシリテート（促進役割）するのを忘れずにしたいものです。「これから、毎回いろんな資料を渡しますからね。ここに入れてママバッグに入れておけば忘れませんよ。そしてなかなか時間はないと思うけど、たまにはこれを見てね」などと説明します。こういうことはとても大切です。生活の中で取り組んでいくのだ、という意識づけにもなりますし、勉強会が楽しいものになります。「資料がたまると楽しい」と言ってくれた母親もいます。

　後述しますが、何より大切なのは勉強会を行う保育士・保健師・指導員等、リーダーのプレゼンテーションの技術です。ムードメーカーでもありますし、ファシリテーターでもあります。テーマは
＊このグループの目的　＊生活のリズム　＊ことばかけの仕方
＊食事　＊運動　＊着脱　＊困った行動への対処　などなどです。
理論をどのぐらいわかりやすくお話できるか…というところに専門性は試されます。グループは、ただ〈ある〉だけではだめです。これからはじまる長い子育ての最初のところなのです。落胆させず、しかも生活の工夫のできる親にしていく非常に大切な役割があるのです。

好きなことば・好きな場面6

【大きな頭を細い首にのせた二人の子らの痛々しさ、そしてたのもしさ】

(読み物『神谷美恵子日記』より)

　神谷美恵子（1914～1979）という人を適切に表すことばを私は知りません。ハンセン病患者に献身した精神科医というだけでは説明できない、あらゆる分野に豊穣な才能を持った人といえます（しかし彼女自身はそのような言い方を嫌っていたのですが）。30年以上前から彼女に関する資料を手に入るだけ集めて読んでいる私にも、彼女の才能の全貌はまだわかりません。研究した資料が写っている写真を見ても、信じられないぐらいの量と繊細さで筆記しています。今のようにパソコンがあればこの何倍もの業績があったのではないかと思わせる膨大なものです。また研究者の妻として、二人の男の子の母親として、料理を作り、洋服を作り、ピアノでバッハを弾くという日常でした。知的探求心と家庭との時間調整に悩みながら生活していた様子も日記からはうかがえます。

　私が最も注目するのは子育てとの両立に取り組む場面です。決して人まかせにせず、同じ生地で夫と子どもたちのパジャマを仕立て、ケーキを焼き、セーター（その柄の細かさ）を編んでいます。生活の和みや楽しみを享受しているところにもひかれます。そしてこの子たちをおいてハンセン病患者の島に通う自分に、これでよいのだろうか…といつも問いかけ葛藤していました。神谷さんでさえ、こんなに悩んでいるのだから、葛藤はわりきれるものではないと思いました。

　冒頭のことばは、「お前たちの信頼の重みに母はただたじろぐのみ」と続きます。

　子育てしながら仕事を続けるすべての女性に読んでいただきたいものです。

出典：『神谷美恵子日記』神谷美恵子／著　角川文庫

Part 4　特に発達障害が疑われる子どもの保護者に対しては…

早期の支援の大切さ (5)
～この時期のゴール…漠然と育てていたらダメと気づかせる

　ここまで書いてきましたように、2歳代までにこのようなグループを作ることがぜひ必要なのです。こういったことを目的に内容を工夫していけばよいと思います。

　横浜市でかつて行われていた保健所のグループでは、毎回の親勉強会に加えて、必ず6回目に私が療育センターから出向き、今度は総合的に、子どもたちの姿や、持っている特徴、生活していくために工夫していかなくてはならないことをお話ししていました。〈障害〉ということばを使わなくても、それはできます。もちろん親用のわかりやすいレジュメを用意し、記述ができるように工夫しました。そして講義後、全部の母親にひとりひとり、感想を書いていただく時間を作りました。このような話をどのように聞き取ったか確認するためです。

　ほとんど全員が「そういうことだったのか。家の子はいろんな不器用さを抱えていたんだな、とわかりました」「子どもの特徴をお話しした時に、上原さんはうちの子を見ているように言い当てたのでびっくりしました」「怒ってばかりいたけど、そういう生きにくさを抱えていたのですね」「これからは、まず生活のリズムを作るところからはじめたいと思います」といった感想が必ず書かれます。何年にもわたって、年間いくつもの保健所のグループに関わってきましたから、1年で400人ぐらいの親たちに会いましたが、この勉強会を境にぐっと変化する親がほとんどでした。何でもそうですが相手側にわかっていただく技術というのは、

ほんとうに大切だと思います。つまり暮らし方を具体的に伝えることができるか、につきます。

　この時期は年齢も低いですし、必ずしも診断名をはっきりと伝えることが重要なのではありません。それよりも「うちの子は特別な育児の工夫が必要な子らしい。漠然と育てたら難しい子になってしまうらしい」ということがわかればよいのではないか…と思います。こういったグループは横浜市では（それぞれの区が20万人前後です。小さな県なら県庁所在地ぐらいではないでしょうか）健診のフォロー児が多いので、週1回でだいたい4か月クールで行っていました。子どもたちが変化しはじめ、親勉強会でいろいろ教わるようになると、グループに通うモチベーションが高くなります。「このグループが終わる時、どこかにつなげてほしい…」と多くの親はニーズを出してきます。その時こそ次の場につなげる機会です。担当保健師や担当心理士が今度は専門機関である療育センターなどを紹介するのです。そういう時に保健所で会ったあの人がいる療育センター…ということで専門機関へのハードルが低くなります。私自身だけでなく、療育センターのソーシャルワーカーを、各保健所のグループに1クール1回は参加させていたのもそのためです。

　そして講義の最後に必ず伝える重要なことがあります。それは〈周囲の人の力を借り上手なお母さんになってほしい〉ということです。これもグループで伝えるからこそ伝えやすいのです。「みなさんのお子さんは育児の工夫が必要な子であるということはわかったと思います。これからお家で工夫していただくことがいくつもありますが、ひとりで悩む必要はありません。担当保健師も

Part 4 特に発達障害が疑われる子どもの保護者に対しては…

これから出会う保育者もみんなで協力していきますからね。わからないことがあったら相談してください。子どもは誰でもそうですが、いろいろな人の力を借りながら育てるのですよ。園の先生や近所の人、お兄ちゃんのお友だちのお母さんなどと、いい関係を作りましょうね。力を貸してもらったら『ありがとう』って言ってね、そしたらみんなもっと力を貸してくれますよ」

　これは非常に大切です。親の中には難しいタイプの人もいます。何でも批判的な人もいます。しかし〈周囲の力を借り上手なお母さんになってほしい〉ということをこの時期に伝えられたら、そしてそういうお母さんであれば、子どもの未来が見えてきます。

① 講義の時は記述できるレジュメを用意

② 感想を書いてもらい各自が得たものを確認させる

③ うちの子は漠然と育てていたらダメ…と気づかせる

④ ありがとう　いいの
人の力の借り上手に！

さまざまな機会を生かし、親の意識を変えていく

暮らし方を伝えることが、ほんとうの家族支援

　今から20年近く前に成人期の自閉症者の保護者にリサーチをした時、「今日からどう暮らすかについて教えてくれた人がいなかった」という意見が多く聴かれました。

　その時から暮らしや日常生活の場面にどういう支援をするのか、が私の仕事の大きなテーマのひとつになりました。当時はもちろんでしたが、今もやや現実的ではない指導が多いような気がします。抽出した治療法や指導法はたしかに必要なのかもしれませんが、1か月に何回かの指導で暮らし方が身につくわけではなく、またそういう視点を持つ専門職も、まだまだ少ないと思われます。あまりにもマニュアルすぎるのもどうかと思います。暮らしには和みも必要なのですし、きょうだいのことも考えなくてはなりません。

　理論や理屈だけでなく日常生活、特に子どもを抱えた生活に思いを馳せながら行うことが必要です。園や学校の先生はもちろんですが、療育機関の職員の方々にもこの日常生活の生活感覚はまず身につけておいてほしいものです。園内や療育機関の場面の指導は、そこでの適応であって暮らし全般への適応ではありません。子どもは家族の影響を強く受けます。家族支援とは日々の暮らしをしていくそこへの支援になります。ですから〈家庭支援〉という書き方の方が適しているかもしれません。気持ちや思いだけでは暮らしていけません。支援をする人が独身の方であっても、いつも子どものいる生活を意識してほしいと思います。

この章ではいくつかの方法を書いていきますが、この子たちのそばにいる専門職の方々はこのようなことを参考に、応用しながら支援していただくとよいと思います。家庭はそれぞれちがいます。その子や家庭の特徴を考えながら方法を考えてください。前章でも書きましたが、支援は一律にではありません。親が書いてある体験本は参考にしてもよいとは思いますが、私が客観的にみて、そのご家族の状態が必ずしもみんなに適用できるものかどうか…というとやはり疑問のところもあります。

どの子にもある基本的な生活の要素をまず考えます。もちろん方法は少し特別な工夫が必要です。

　＊家の中の整え　＊ことばかけ　＊生活のリズム　＊食事

　＊着脱　＊運動　＊遊び　＊困った行動への対処

　などが子どもの生活といえるでしょうか。

毎日取り組むことがあると人は安定します。毎日取り組むことをどのぐらい具体的に提供できるか、が支援の要です。当然ですが診断が伝えられる前から、生活への支援ははじめるべきです。後年診断名が告知されたあと、「それでも最善の道を歩いてきたかもしれない」と親が思える支援をしたい…と思います。また就学前までにこのような家での生活が安定し、親が暮らし方の方法がつかめれば、思春期は概ね安定して越えられます。実は思春期は、普通の子同様に大変困難な問題が多発し、それを越えることは大きな課題なのです。

療育センターがなかった時は、横浜では親たちが作った各区にひとつないしふたつの自主訓練会がそれに変わるものでした。私はそこに出向いて親支援と保育者（親の会が雇う形、元保育士や

元幼稚園の先生方が多かったです）の支援をやっていました。

　親には暮らし方を伝えていきました。家の中の整理からはじまり、生活のリズムの作り方、靴や靴下をどうはかせるか、困った行動への対処…。生活の細部にわたります。最初がかんじんであること、介助は最初は完成形から徐々に少なくしていくこと、形に強いのでいい形を最初から入れていくこと…などなど。

　後年そのお母さんたちから、「何か新しいことが起こっても、必ずこのやり方でやれば身についていくって教わっていたから、その通りにしていったんです。たとえば生理がはじまった時などもそういう方法でクリアしました。知的に軽くはないけど、今困っていることってないんです」

　暮らしていくことができる…これが最大の支援だと思います。

それぞれ違う家庭に、同じ支援を適用させるのは疑問です

Part 4　特に発達障害が疑われる子どもの保護者に対しては…

家の中・生活全般で行うアドバイス

　ほんとうは家庭訪問ができるとよいのです（家庭訪問についてはP.165参照）。高齢者の支援には間取りや形状まで支援者側が知ることがむしろマニュアルですが、子どもに関する支援では、それはできない場合がほとんどです。しかしそれでも、このように家についての考え方を伝えていくとよいと思います。

　家の中を子どもの目の高さで見回してみましょう。家の中をある程度整理し、触っては困る物、子どもが騒いでしまう物は目にふれないところに…。

　子どもの物は動線を考えて置き位置を明確に。

　機械物が好きですし、すぐいじって壊したりします。大人の大切な物で触っては困る物は、今はしまっておいたほうがよいと親に伝えましょう。叱る場面が減りますし、動作がスムーズになります。靴やリュックの置き場所を決め、マークなどをつけてあげるとよいと思います。家を整理するだけで、動きの多さはだいぶ減ります。

　特にキッチンの形状は重要です。キッチンの細かい物にこだわる子も多いので問題行動の温床のようになります。もし低年齢であれば（だから２歳代までにこうしておくとよいのですが）形状的にできるのであれば、キッチンの入り口に行けないようにする境をつけると、入らなくなります。入らない習慣ができればそれをとっても大丈夫なのです。冷蔵庫にこだわってしまう子も多いのです。食べ物が入っているので、よけいこだわります。

私はできれば低年齢から「冷蔵庫はお母さんの物」と形づけることが必要と思っています。エスカレートするとアイスクリームを何回も食べてしまったり、中には生肉まで食べてしまう子もいます。冷蔵庫のストッパーが効くぐらいの年齢までに「勝手に開けてはいけない…」という形がつくとよいと思います。それから冷蔵庫にアイスクリームをたくさん入れる…ということも避けたほうがよいでしょう。普通の子は理屈でわかりますが、こだわりの強い子は説明だけでは無理です。

　園でリュックをかけることができるようになったら、家でもかけるフックを作ってもらい、介助の方法を伝えてあげてください（完成形から徐々に介助の手をひいてくる…）。朝は忙しいでしょうから、園から帰ったら必ず、靴を靴置きに、リュックを所定の場所に…これは目と手の協応動作のトレーニングとしても大切です。こういうことは毎日すると必ず身につきますから、お母さんにとってもうれしいし、可愛く思えると思います。園でできたことを家で応用できるように、介助の方法とともに伝えてみてください。

　子どもの衣服は着脱のところでまた書きますが、装飾の多い物や柄がたくさんある物は不向きです。生地は最初はスエットタイプがよく、硬いデニムなどは本人がスムーズにできないのでいらいらします。上から下までつながったオーバーオールタイプはたまにはいいですが日常的には不向きです。手を使う機会が減ります。また後ろボタンのような物も最初は難しいと思います。靴も衣服も親の趣味で複雑な物を買うことが多いかもしれませんが、そういうのを見た時には「今度買うとしたら、こんな感じのシン

プルなのにしたほうがいいと思いますよ。そのほうが本人がいらいらしないでできますよ」と伝えてあげるとよいと思います。

　見た目も大切です。青年期でやや重度の、自分で選べない子であっても、親が若者の流行のマフラーなど選んであげるとよいのではないでしょうか。小さい子も自分では選べません。まわりにいる人のほめことばは、よい方向に向かって強化されます。先生が「ああそういうのきれいね」「こういうのかわいいわね」などと声をかけてあげるとよいと思います。

　暮らしがスムーズにできるようになると、親が子どもを可愛く思えます。可愛くしてあげましょう。それが親が子どもを受容するための大切な一歩です。

生活リズムの作り方へのアドバイス

　生活のリズムを整えることの意味についてはすでに p.56 で書きました。「気難しい状態を減らす、なるべく快の状態で過ごす、ちょっとしたトラブルでも立ち直りが早くできる、指導や刺激を吸収しやすくする、本人にとって不快な状態が減り、泣き騒ぎが少なくなる」といったことです。こういうことは発達障害が疑われる子にとっては、さらに重要です。覚醒レベルが高く眠りにくい子が多いこと、また意識の力がやや弱いので、生理的な状況がそのまま機嫌であらわれてしまいがちです。普通の子より機嫌の波が多いのも特徴です。どこの園におうかがいしても「＊＊ちゃ

んは今日は朝から機嫌が悪くて」とか「今日は朝から状態がいいんです」といった報告がまず先生からあります。それだけ情緒の状態が一定ではないということなのでしょう。できるだけ低年齢のうちに整えたほうがよいのです。ここができていないと思春期に非常に難しい状態になる子が多いのです。他の要素とちがい、支援者が泊まってやってみせるわけにはいかないので、両親の意識改革が特に必要なところです。

　またそのリズムの作り方にも独特の方法が必要です。

　入園前の低年齢（ですから2歳代にこのようなものを形づけてしまうとやりやすいのですが）の例から書きます。まず生活のリズム表をつけてきていただきます。2週間〜1か月ぐらいの期間。特別な表でなくてもよいのですが、必ず字ではなく表で表すことが大切です。これをつける時は簡単につけることがかんじんです。めんどうにならないように（p.128参照）。

　つけていただくとその家の特徴が出ます。その特徴にもよりますが、まず夕寝をして就寝が夜遅くなるのが一番困りますから、このあたりがポイントになります。夕寝を早い時間に持ってくるか、遅い時間にずらし、ほんとうの就寝にしてしまうか、なのです。リズムを整えていく大切なポイントは次のようなことです。

　＊早く起こす（いっぺんに2時間早く起こすのは難しいので、30分ずつ早く起こし、それが一定したら、もう30分というようにずらしていきます）。
　＊食べても食べなくても3食の時間を一定にする。
　＊午前中の運動量を考える。
　＊夕食のあと興奮させない。

3食の時間を一定にさせるというのは、もちろん食事によって体温が変わるからです。私は外に散歩に出る前に、昼食を用意しておくようにすすめていました。切り替えが悪い子が多いですから、公園から帰るのも一苦労です。そして家に帰ってそれから昼食のしたくでは間が持てません。その間にお菓子など与えてしまったらもう昼食は食べられません。朝の残り物でいいからおにぎりとかチャーハンなどを作ってから出かけ、帰宅して手を洗ったら、すぐ昼食が出てくるようにするとよいと伝えました。普通の子の親でも育児上手な人は、すでにそのようにしていると思いますが。

　午前中の運動量については具体的に「普段どこの公園で遊んでいるの？」と聞いて、「これからはもう少し遠くのあの公園まで行ったらどうでしょう」とか「買い物は午前中に行くといいかもしれないね」のように伝えてあげるとよいと思います。

　夕食後のことはp.57でも書きました。

　それから親の友だちなど、来客が多い家や、いつも遠出している家の子も落ち着きません。今はリズムを作るのが大切だから、なるべく一定に過ごすようにしたほうがよいと伝えてあげてください。休日も近くに起伏のある散歩道などを見つけて、そこで遊ぶのが過ごし方のコツなのですが、どうしても遠出したかったら、なるべく朝早く行って午後には戻るように…と伝えましょう。機嫌よく、情緒が安定して過ごせた日の、前の日の過ごし方を聞いてみるとよいと思います。そういう日のリズムに近づけていけばよいということも伝えましょう。

生活リズム表

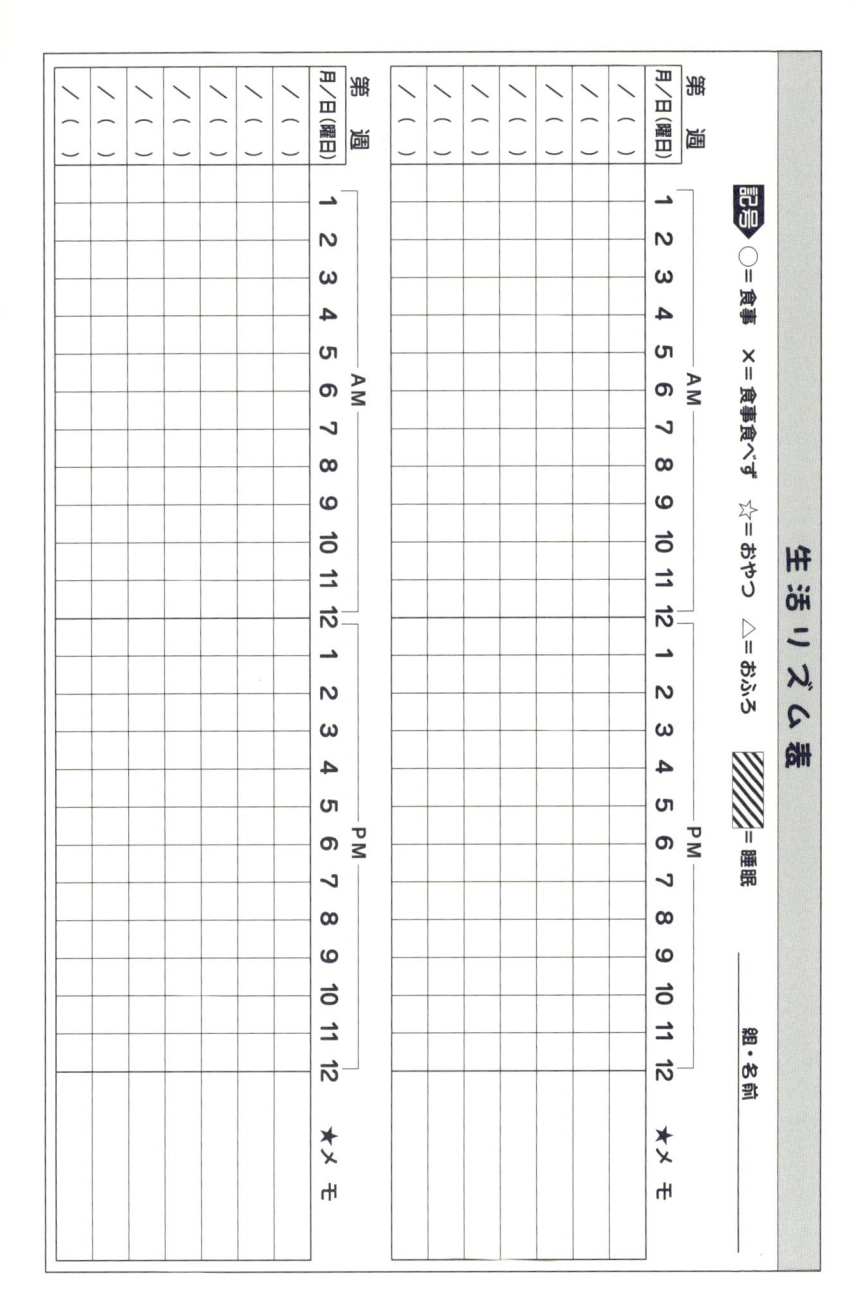

記号 ○＝食事　×＝食事食べず　☆＝おやつ　△＝おふろ　▨＝睡眠

組・名前 _____

第　週

月/日(曜日)	1	2	3	4	5	6	7	8	9	10	11	12	1	2	3	4	5	6	7	8	9	10	11	12	★メモ
/ ( )																									
/ ( )																									
/ ( )																									
/ ( )																									
/ ( )																									
/ ( )																									
/ ( )																									

AM ← → PM

第　週

月/日(曜日)	1	2	3	4	5	6	7	8	9	10	11	12	1	2	3	4	5	6	7	8	9	10	11	12	★メモ
/ ( )																									
/ ( )																									
/ ( )																									
/ ( )																									
/ ( )																									
/ ( )																									
/ ( )																									

AM ← → PM

食事についてのアドバイス

　食事は毎日あります。通園することができるようになっても、1日2回は家で食事をするわけですし、一生の課題でもありますから、ここがスムーズにできるようになると、先々の選択肢は広がります。しかし食事についての上手な助言は意外にされていないのが現状です。

　園での指導の仕方は拙著『あなたのクラスの気になるあの子』を参考にしてください。ここでは家での食事の取り方について、先生方がどのように助言していったらよいかを中心に書きます。

　まず食事をする部屋のレイアウト、食事をする机の形状や席も考えたほうがよいのです。

　食卓を部屋のすみのほうに置き、席は p.131 の図のようにします。テレビは食事の時間はもちろん消すこと。普通の子でも大切なことですが、気が散りやすいこの子たちには必須です。テレビそのものが目に入りにくいところに席を決めるといいと思います。またすぐ立ち歩きができない場所に席を決めてください。

　食卓は椅子を使用するもののほうがよいのです。座卓は席の位置が子どもには見えにくいし、それにすぐ立ち歩きます。もし座卓を使用している家庭であれば、雑誌や古い電話帳をガムテープで巻いて、椅子を作るといいですよ、と助言してあげてください。

　食卓の上には本人用のナプキンかトレイを置きます。ナプキンもトレイも無地のものにしてください。助言を上手に生かす親はきょうだいそれぞれのナプキンやトレイを用意しています。要す

るに家では家族それぞれの食器や、おかずのお皿がいっぱいあって、どこまでが自分の範囲で、どこまで食べたら終了なのかがわかりにくいため、ナプキンなどは、その子の範囲を明確にするためなのです。そして、図のようにごはんと汁物とおかずの容器をおきます。形が頼りの子たちですので、まずこの範囲がすべて終わったら食事の終了を形で理解させるのです。最初から偏食の指導は難しいです。最初は食べられるものを食べられる量からはじめるのがポイントです。ですから最初は量は少なめからはじめるとよいでしょう。

　ほめる場面ができますし、残して終了するというパターンをつけずにすみます。とにかく「全部食べられたね」という形をつけることが重要です。いつもは食べられるけれど、今日はスピードものろく、完食できそうにない時は、子どもの見ていないところで、ちがう茶碗に取ってしまい、一口だけ残して、「これで終わりだね」と言って最後の一口を食べさせて終了にします。「全部食べられたね」という終わり方です（ほんとうは全部食べていないのですが）。またこの最後の一口は意外に食べます。

　食べられるようになってきたら、量はだんだん増やします。それが形として定着したら、今度は嫌いなものをほんの少しからはじめます。たとえばブロッコリーを1センチ4方くらいの大きさから。それは「いただきます」をしたら最初に食べさせ、すぐに好きな唐揚げなどをごほうびに食べさせるという方法で進みます。好きなものから食べさせ、おなかがいっぱいになって嫌いなものが残っている…というパターンが一番うまくいきません。

　食具や食形態も大切です。手の器用さがないのですから、食具

の工夫と食形態はよく考えてあげてください。最初はひと口サイズに切ってあげておくと、イライラさせずにすみます。ここでも介助は最初は完全に近いところからだんだん手をひいていく方法です。子どもが食べられる量や食形態、適切な食具について、親が把握することが大切なのですが、もしそれに無理があるようなら、園で取り組んで確認してみてから助言してあげるとよいでしょう。

3食の時間を一定にさせておくことも大切です。それから甘いものの間食はなるべくさせないほうが食事は進みます。2歳代であっても午前中のおやつはなくてもよいし、3歳代からでも午後3時に甘さをおさえたおやつを1回でいいでしょう。

また、ことばかけを多くしすぎないことも助言してあげてください。「食べようね」と、優しく短くがポイントです。

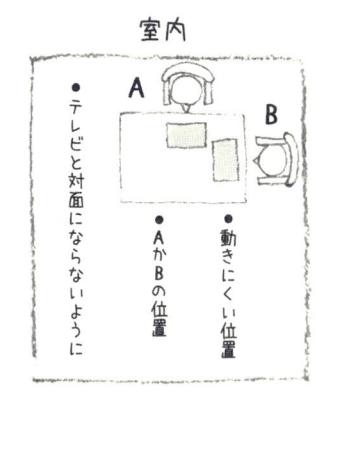

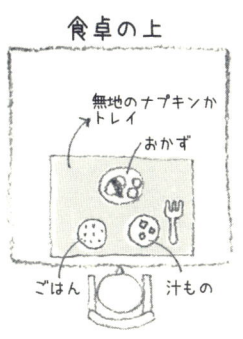

室内
A
B
・テレビと対面にならないように
・動きにくい位置
・AかBの位置

食卓の上
無地のナプキンかトレイ
おかず
ごはん　汁もの

進路の相談を受けた時は

　特に幼保の先生方にお伝えしたいことは、園での適応と学校とはまったくちがうということです。よく教育相談センターの判定で〈特別支援学級〉の判定が出た時、「保育園ではこんなに適応できているのにねえ」と親に言ってしまう先生がいます。

　園では集中して席に座って課題に取り組むことは、その園にもよりますが、合計しても40分から長くても1時間ぐらいでしょう。しかし学校はその逆です。学校では1日のほとんどが着席して授業を受ける形になります。休み時間は5分や20分です。お昼のあとの休みなど1日合計しても60分もないぐらいです。それからもっと根本的にちがうことは、すべてはことばによる授業になるということです。友だちの模倣をすればある程度過ごせた園時代とはちがいます。模倣でできることはほとんどありません。ことばによってイメージが作れない特徴があるこの子たちにとって、学校はとても難しい場になります。算数も理科も実際にはことばによる授業です。もちろん手がかりとしての視覚的教材は、今、どの教員も工夫はしています。しかしやはり実物だけではなく概念を教えるところなのです。

　もし進路についての相談であったら、私も親に「園の先生に相談するなら、次のようなポイントで聞きなさい」と伝えています。

1. 生活習慣的なことはどうか。ひとりでできない場合、どのような介助が必要か。

2．着席の状態はどうか。どういう課題の時に着席できているか。
3．先生からの指示の理解はどうか。全体に出した指示だけで指示通りできるかどうか。
4．自由時間の過ごし方。
5．友だちとの関わり。

　などです。このうち特に1から3までが大切です。できるところも難しいところも伝えてあげてください。もちろんそれまでに親との信頼関係の構築は必要ですが。

　思想的に〈みんな一緒に〉という考えの人もいますが、今の特徴ある発達障害の子どもたちにとって、ただみんなのそばにいる…ということがほんとうにこの子たちによいかどうかは疑問です。無理をして普通学級に入っても、とても苦しい状態になる子をたくさん見てきました。

　またよく〈友だちとの関わり〉をあげる人が多いのですが、人生の中で30人〜40人といっぺんに関わる場面なんてそうありません。それよりまわりの3、4人、あるいは担任との関係を築くほうが大切です。

　18歳以後が長いのです。学校生活がゴールではありません。無理にわからない場所にいて不全感だけが募ってしまうより、わかる課題で確実に過ごしていったほうが18歳以後安定します。

　ただこのようなことを書く前に、特別支援学校や特別支援学級の内容が充実していることが重要な前提になります。私は親に「教育のバリエーションと思うことですよ」と伝えてきましたが、正直いいまして、かつては教育のバリエーションと思わせるにはほど遠い状態であったこともたしかです。しかし今は地域にもより

ますが、特別支援教育の技術は進んできている…と思っています。そう信じたいです。私自身が今でも学校支援の仕事を継続しているのはそのための一助になりたいと思っているからです。

　横浜市では年度末に区ごとに特別支援学級の発表会があります。そこで活き活きと様々な取り組みを見せる特別支援学級児たちをみると、その子に合わせた教育がいかに必要かよくわかります。そしてその学級が孤立しないように、普通学級から順番に子どもたちが交流にくる方法をとっているところも多いです。この児童たちを普通学級に交流させるよりずっと現実的ですし、そういう時のこの児童たちは自信にみちあふれています。

　私は、親に「よくわからない演説を２時間も聴いたらいやにならない？　それが毎日ですよ」と無理に普通学級に在籍することの苦痛を、現実的に説明することがあります。

着席時間が長くなる…

すべて言葉による授業になる…

ムリして普通学級に入れる必要があるの？

園では適応できていても、学校ではなかなかむずかしい

目指すべき支援とは
～ 向かって行くべきところ

　園や学校で、必ず出会う光景は、その子の実際の姿よりかなり高みを要求している先生方の姿です。〈伸ばそう、治そう〉という気持ちが強く表れ、一生懸命です。子どもたちの無限の可能性を信じて日々取り組むことが、そういった職業のアイデンティティでもあるからかもしれません。しかしそのことがかえってその子を苦しい状態にしてしまっていることも往々にしてあります。

　それではどのようなことに向かって支援していけばよいのでしょうか。私はいつもまわりにいる人は18歳以後の生活を思い描いて…と助言します。18歳まではとにかく行くところがある程度あるのです。18歳以後が長いし、ほんとうの生活になります。そこまでは考えられないとたいていの先生は言うのですが、意外にシンプルですし、実はどの人も同じなのです。また幼児期や学校期と、生活そのものの考え方も変わりません。

　つまり「『行ってきます』と行くところがあり、『ただいま』と帰るところがある。そして問題行動がなくて余暇が過ごせたら、生きていけるのです」ということです。「行ってきます」と「ただいま」の間が、その子によってちがうだけです。ある子は一般就労ができるかもしれません。またある子は作業所か通所施設かもしれません。また、ただいま…と帰るところも、実家かもしれませんし、グループホームかもしれません。しかしどの人も生活の形は書いた通りです。

　こういった生活の形を確保するには基本点は4つです。

①生活のリズムができている。
②身辺がある程度自立できている。
③問題行動がない。
④余暇が過ごせる。

①については、結局、生活のリズムの安定は体調的にいえばコンスタントに落ち着いた状態を保つということなのです。身体的にはもちろんですが、情緒の安定が大切です。どうしても生理的な状態が表面に出てきがちな子たちですので、脳の中の様々な物質のバランスを保つことが必須です。

②については身辺のことがある程度自立できていれば生きていく選択肢は広くなります。また重度な子でどうしても自分でできなくても、こういう介助があればできる…ということがわかっていればいいと思います。交差点の信号の意味がどうしてもわからなかったら、大人になって作業所に行く道順の時に、信号ではなく歩道橋を渡る方法を使えばいいのですから。

③については重要です。このまま大人になって社会に出たら困るであろう行動は、できるだけ早くなくしておいたほうが生きていきやすくなります。子どもの意に添わないことをすることに罪悪感がある幼児教育などの現場では、この行動はいつかなくなるだろう…と思ってそのままにしてしまうことがよくあるのですが、その〈いつか〉はおそらくきません。そのことが後年大きな問題になります。知的には軽度でも、困った行動があるために社会生活ができない子をたくさん見てきました。自分に対する客観視がなかなかできない子たちですから、周囲から見たらどうか…

ということが理解できません。ですからいい形を最初からつけていくほうが生活しやすくなります。大人になって生活が困難になっている場合はたいていこのことを軽く考えた結果です。たいていは幼児期から取り組めばなんとかなったことが多いのです。

　④については〈余暇〉ということばが誤解を与えるのですが、要するに何気ない時間を過ごすことができるものがあるかどうか…なのです。一般にはピアノやスイミングのようなものを思い描きがちです。でもどんなものでも自分ひとりで過ごせるものでいいのです。〈字を書くことが好き〉〈絵を描くことが好き〉〈工作（紙でもプラモデルでも）が好き〉でもいいのです。小学校低学年までに好きなことがみつかるとよいと思います。

　もうひとつ〈家族と過ごせるもの〉というのも大切なのですが、それは後述します（p.145）。

先輩から学んだほんとうの支援の実践

　各保健所にひとりないし、ふたり、精神保健関係の様々な相談事業を行うソーシャルワーカーがいます。この中に私の目標とするひとりの先輩がいました。その人は50歳で亡くなってしまいましたが、非常に印象的な仕事をする人でした。

　昔、精神分裂病という診断名だった人たちは現在は統合失調症という診断名です。薬の開発もあり、多くは入院生活ではなく通院しながら日常生活が送れるようになりました。その方々の家庭の事情もいろいろあります。実親も年齢が高く、次の世代になって

いるとなかなか実家で暮らすことも難しく、独立してアパートで暮らしていく方法をとらざるをえません。この方々の地域での生活を考えて支えていくのもソーシャルワーカーの仕事です。

　このソーシャルワーカーの名前を仮にＥさんとします。Ｅさんは転勤して、ある保健所に勤務したら、まず地域の不動産屋さんと顔見知りになるように努めます。それから電気屋さんなど、その地域の商店の人とつながりをつけます。統合失調症の人を独立させるにはアパートの確保がまず第一です。そういう人を敬遠する人も中にはいますから、不動産屋さんや大家さんに、「必ず保健所のデイケアに週３回は通うようにしますから」とか「服薬の確認は必ずしますから」と約束し、アパートを斡旋していただきます（今は個人情報のことが取りざたされるので、このあたりはどうなのでしょうか）。保健所のデイケアでも綿密にその人の様子をチェックしますし、服薬もいつも確認します。調子が悪いという時は、朝出勤前に家庭訪問して薬を飲む介助をしました。電気屋さんではテレビをはじめ、様々な電化製品を安く提供してもらいます。もちろんこれらの交渉はすべて本人と一緒に行いました。病気への偏見を取り除くためです。服薬さえ怠らなければ、人に迷惑をかけずに、通常の生活ができることを知っていただくのです。商店街でも協力していただける人を確保していました。

　こういう活動を自分が担当している何十人に行うのです。「室内での相談にのることだけではない、地域で生きることを支えるってこういうことなんだ…」と彼女は常々言っていました。ほんとうの支援の実践とはそういうものだと思います。

　〈病院から通院へ〉〈施設から地域へ〉…医療や福祉の世界でよ

くいわれるノーマライゼーションという概念です。その考えはもちろん立派なのですが、それを具体的に支援する人が必要なのです。残念ながら、そういう視点を持つ人はそう多くはなさそうです。また、支援者側の生活感のようなものも、一般とずれていたら地域の理解は得られません。私は療育センターにいた時に職員に「こういうところに勤務する人の独特な感覚だけでは世間からの了解は得にくいですよ」という話をよくしました。たとえば私たちは、子どもが私たちの服につばをかけても平気です。しかし世間の人はやはり敬遠するでしょう。私たちにとっては、つばをはく癖がどういう原因から起こり、どうやればその癖をなくすことができるのか、と、その癖をなくしてあげるほうが実際的です。

　私が、発達障害の子どもたちを受け容れていただくために、ひとつひとつの園や学校をまわりながら、こういう子どもの特徴と対応の方法論を伝えていったのはそのためです。受け容れてください…という理念だけではだめです。具体的にこのようにしたら…という方法論を伝え、継続的にフォローしながら理解者を増やしていったのです。今もその活動を続けています。30年以上前に出会った保育士さんたちに再会し、その時の助言がどうであったかたしかめることがあります。ほとんど今とずれてない…と言われると嬉しいです。

　横浜の山あいの寂しい道をひとりで園や学校を訪ね歩いた自分の姿を思い出すと、なんだか宣教師（？）のようだったなぁと感慨深いものがあります。

　Eさんは分野はちがえ、支援の視点が一致した、数少ない尊敬できる先輩でした。

落ち着いて生活している家族（1）
～上手な時間の過ごしかた

　18歳以後、その子を含めた家族が落ち着いて過ごすためにはどんなことが必要なのでしょうか。今から5年前、まだ療育センターで現役のソーシャルワーカーをしていた頃、あるリサーチをしました。それは小学校期にどのようなことに困っているのだろうか…ということを知るためのリサーチでした。地域支援の予算をいただいたこともあり、学校期に困っていることに対してソーシャルワーカーとして、何を支援していったらよいか考えて、活動を構築していくためのものでした。

　結果は…なんと「何も困っていることがない…」という答えがほとんどだったのです。

　この地域は、まだ療育センターが整備されていなかった頃から、私が活動をしてきたところです。私は活動をはじめた初期から、この〈生活する〉ということを基点においていました。早くから、発達が遅れている子であっても生活はしていくのだから、と〈暮らす、過ごす〉ということを考えながら子どもを育てていくことを具体的に提案して親に指導をしていました。

　行政に対する運動体の側面が強かった〈親の会〉に、〈生活する〉の考え方を導入していくことは斬新であったかもしれませんし、中には「障害を持った子を授かってしまっただけでも親は辛いのだから、何もそこまで指導しなくても…」と言った人さえいました。しかし私に言わせれば18歳以後を考えると「生活を考えることは絶対必要なこと」でした。

たとえばその考えのもと、当時の親は簡単に自家用車を使いませんでした。大人になってどこかに通う時も、公共の交通機関に乗れなければ困るから…と。乗り換えの人混みや階段や電車の揺れ…などを体験していくことは、専門的に言っても〈感覚を統合していく練習〉とも言えるものでした。当時のことを話す親たちは「あまり乗らなかったから自家用車のバッテリーが上がっちゃってね」と笑います。今でもそういう親の子たちはグループホームで生活しながら、公共の交通機関を使って遠くの作業所などに通っています。その行程もまずは親がつき添い、目的地まで行き、次はある地点までついて行き、そこからひとりで行かせて（もちろん、あとを親がついて行っているのですが）だんだん援助をひいてきて長い間かかってひとりで通えるようにしたのです。

　今は預かりの仕事でも学校まで迎えに行って、また自宅に送り届けるところが多いのですが、いつもそれをしていて将来はどうなるのだろう…と心配です。もちろん家族の体調が悪い時などは利用してもよいとは思いますが。

　かつては土曜日まで学校がありました。半日の授業を終えると子どもたちはある地区センターに集まります。もちろん各学校からその地区センターまで帰宅する道順をしっかり親と共に練習し、最後はひとりでそこまで行けるようにします。そこには当番のお母さんたちが、焼きそばなどを作って待っています（かつての土曜日は給食がありませんでした）。そこでみんなで昼食を食べます。食事のあと片づけも大切な日常の練習でした。そのあと少し休みます。その過ごし方も思い思いです。あの当時はウォークマンでひとりひとり好きな音楽を聴くのが流行していました。

また隣の図書館で絵本などを見ることが好きな子もいました。そういう時も、他の人の迷惑にならないように静かに見る習慣を体験するのも練習でした。そしてある時刻になったらみんなで音楽に合わせて体操をします。そのあとみんなで作業をします（ボールペンの組み立てなどの作業でした）。これが土曜日の午後の過ごし方でした。つまり行政に注文をつけるだけでなく、自分たちで生活の方法を構築することに取り組んでいました。

　もちろん私だけの力ではありませんが、小さい頃の〈生活への取り組み〉が、〈暮らしていくこと〉につながっていったのだと思います。このリサーチの結果はソーシャルワーカーとして、ほんとうに嬉しく思ったことでした。

落ち着いて生活している家族（2）
～地域で生きるほんとうの意味

　前項に書いたリサーチの中でまた注目するべき箇所がありました。多くの普通の子は小学生になれば、習いごとをしたり、塾に行ったり、美容院や理容院を利用します。そういった通常の生活の中で困っていることはないのだろうか、ソーシャルワーカーとして支援するべきことがあるのではないだろうか…ということを知りたいためのリサーチでもありました。たとえば、美容院や理容院の経営者グループなどに私たちが出向し、この子たちの特徴などを伝え理解を深める活動も必要なのではないだろうか…という予測のもとに行いました。

　この項目に関しても「困っていることはありません」という回

答がほとんどでした。

　たとえば美・理容院に関する項目でも「床屋さんデビューする前から、話してありました」とか「最初に行った時、どういう特徴があるか説明しました」とか「２か月に一度、近所の子と一緒に貸し切りにしていただいています」などなど、名コーディネーターとしての母親の姿が浮かび上がります。「お店の人が好きなおもちゃなどを用意してくれています」「お店に気に入っているお兄さんができました」などなど。

　また「積極的に知ってほしかったから、もともと食材などはスーパーなどより地元の商店街で、この子を連れて買い物をするようにしていました」とか「学校で親しくなった子どものお母さんに頼み、日曜日などその家の子どもに遊びに来てもらった。そのあと家の子もお弁当持ちで遊びに行かせていただいていた」などなど。

　こういったことも将来を見越すと、周囲の力を借り上手な親になるように、そばにいる支援者が支援しなくてはいけないことなのですが、今はどうでしょうか。

　〈地域であたり前の生活…〉と支援者はよく言います。でもそれは具体的な技術がともなってのことだと思います。空気みたいに実態のない〈地域で地域で〉ということばにも困りますし、何より暮らしていくのは家族と本人なのですから、どのようにしたらうまく暮らしていけるのか…の支援が必要なのだと思います。直接の支援はもちろん必要なのですが、そればかりでは足りないのです。そういった意味で支援者自身が〈生活の視点〉を持たなくてはなりません。結局苦しむのは家族です。

私は親たちには、「生きているその時代で5人の理解者を得ることを目標にしましょう。それが必要…」ということも言ってきました。たとえば幼稚園の時代、小学校の時代…。地域で地域でと言ってもクラスの子どもの親たちや、隣近所の知人などに理解されなくてどうして生活していけるでしょう。ちょっとした緊急時に下の子をすぐ預かってくれる人の確保などが大切なのです。行政がやらなければいけないこともあるのですが、やはり子どもが大きくなって落ち着いて生活している家族を見ると、まず子ども自身の安定と家族の安定は不可欠なのです。どうしても制度や施策だけでは救えないものがあります。

　何年かぶりで町で、昔私が支援した母親たちに会うと、「気楽に生きています」とほとんどの人が言ってくれます。そのことばこそ私をほっとさせるものはありません。「若い時習っていた書道をはじめたんです」「子どもが学校に行っている間だけ、パン屋さんでアルバイトをはじめました」など、子ども以外の時間を持つことがとても楽しい…と言います。しかしそれは小さい頃から細心の留意を持ちながら必要な配慮をし、育ててきた結果なのです。いつも何でもやってもらえるところに預けることだけで過ごしてきた家族が、安定しているわけではありません。

　子ども本人の身体的精神的安定と同時に、地域で生きていくほんとうの意味を考えていける親になってほしいのです。いろいろな問題が起き、毎日が困難の連続という家族にしないためにも、周囲の支援者の、先を見越した、そして生活に即した技術が必要とされます。

落ち着いて生活している家族（3）
～「ひとりで」「家族で」楽しんで過ごせるものがあること

　そのリサーチの項目に学校の時間や土日の過ごし方についても入れ、回答していただきました。これにもきちんと幼児期から生活に取り組んできた親たちの特徴が出ていました。それはその子を含めた「毎日の生活が楽しい」という記述が多かったことです。

　余暇の過ごし方については別項 p.137 でも書きましたが、要するに親たちが〈時間の過ごし方〉に上手に取り組んできた結果といえます。余暇に関しては〈何気ない時間をどう過ごすか〉というふうに考えることが大切なのですが、ここでも〈ひとりで〉あるいは〈家族と〉という過ごし方のバリエーションが豊富であることに驚かされました。

　〈ひとりで〉には次のようなことがあげられていました。

> 字を書くこと…人（タレントなど）の名前、漢字、時刻表をうつすこと などが好き
> 絵を描くこと…電車の絵、アニメ、水彩、教科書や副読本に載っている絵巻物を写すのが好き
> 本を読む…絵本、児童書、漫画、図鑑、カタログ など
> 工作…紙の工作、粘土、紙飛行機、折り紙、プラモデル など
> 手芸…ビーズ、リリアン、編み物、刺繍 など
> 音楽…イヤホンで聴く、ピアノ、和太鼓（サークル）など
> スポーツ…スイミング、体操 など
> ゲーム…好きな子が多いが、時間を決めてやっている など

という家が多かったです。

また家の手伝いなどを習慣化して、洗濯物たたみ、お風呂掃除、お皿洗い、植物の水やりなど…の記述があり、どの親も「とても上手です」「助かっています」など自然に受容している様子がうかがえました。

　〈家族で〉の記述には、土日は家族で外出…が圧倒的に多いです。なかなか家の中だけで過ごすには限界、ということもあるのでしょうが、むしろ積極的に家族もともに楽しんでいる記述が多かったのも印象的でした。「いつも広報誌などで地域の情報を詳しくキャッチするようにしています」「家族も一緒に楽しめるところ、少しはめをはずしてもＯＫなところを基準に探します」とのこと。たとえば地区センター祭り、大学祭、中学校の学園祭、バザー、フリーマーケット、商店街の行事などなど。またボウリング、ハイキングなども家族一緒に楽しんでいる様子もうかがえます。近くの公園で父親やきょうだいとサッカーで遊ぶ、遊歩道の散歩、親戚や祖父母の家に遊びに行くなども、日常的で身近な生活です。友だちの家と行ったりきたりできるよう、普段からコミュニケーションをうまくとっている様子もありました。中には登山好きな父親と登山などというものもあります。

　今は〈預かり〉の場が結構作られています。当時もあるにはありましたが、この親たちはまず家でできるところから取り組んでいる印象がありました。当時も学童や放課後対応事業がありましたが、あまり預けない親が多かったです。学校の時間だけでも緊張しているのに、さらに放課後も集団で過ごすことがこの子にとってどうなんだろう…と考えたから預けなかったというのです。こう考える親は少なくなってきているかもしれません。

Part 4　特に発達障害が疑われる子どもの保護者に対しては…

　普通の子でもそうですが、育児の結果はすぐ出るわけではありません。幼児期にどう過ごすかの結果は数年先にあらわれます。一番大きく揺らぐのは、ホルモンが激変する思春期前期からです。でも幼児期から生活の基本的なところに取り組んできた家族は、そこを小さな揺らぎ程度でクリアしていきました。

　「雨の日は家族で家の中でのんびり過ごします」。このことばも親支援をしてきた私をほっとさせるものでした。そういう生活ができていくために、小さい頃からの親の取り組みが基盤になっているからです。

幼児期から上手に取り組んでいけば、毎日の生活も楽しめる

夢のような可能性を伝えることは
…結局は家族を傷つける

　ある時、大学の教授から電話でこうたずねられました。「上原さんが知っている人でADHDや広汎性発達障害を克服して、社会である程度成功している人はいますか。知っていたら教えてほしいのですが」

　「何の目的でそういうことが必要なのでしょうか」と私が聞きますと、あるラジオの保護者向けの番組でそれを取材して紹介したいのだというのです。

　「保護者の方々を元気づけたいのですよ。アインシュタインやエジソンだってそうでしょう。そういうことを知ったら保護者の方々は希望がわくと思うんですよ」

　もちろん即座にお断りしました。そういうことで希望がわく…というのは一瞬の励ましです。しかし長く支援すればわかりますが、そういう情報はいずれ逆に親の不全感につながるのです。

　マイケル・フィッツジェラルド氏は著書『アスペルガー症候群の天才たち』(2008／星和書店)で6人の著名人をあげています。こういう本はよく見かけます。またテンプル・グランディンさんはアメリカの動物学者で、自らも自伝を書いた自閉症者であることはよく知られています。(『自閉症の才能開発』1997／学研)自閉症者自身の感じ方などはたしかに参考にはなるのですが、私が出会った何千人もの子どもたちは、テンプルさんのようにはなれませんでした。それどころか、そういう有名な事例の情報に振り回されて傷ついてしまった親を何人も知っています。

こういう人たちの支援に、万にひとつの成功例を紹介することがとても危険であることを、私は長いソーシャルワーカー生活で知っています。もちろん可能性は誰に対しても否定できないものです。しかし本に出てくる天才と呼ばれる人と同じになる確率はかなり低いといえます。最近出版された本にも、発達障害についてそのような可能性の大きさを紹介する部分があり残念でした。

ずっと親のそばで支援すればわかることですが、誰だっていい情報がほしいし、そういう情報にすがりつきます。昔、LD親の会で、子どもたちが思春期になった時、みんな日常生活に悩んでいました。LD、つまり学習障害という診断名は、親にかなり期待感を抱かせてしまったようでした。知的障害や発達障害という言い方よりはるかに一般的な印象があります。もちろん診断基準はあるのですが、実際よりはよい形で、親がやや勝手に認識してしまったということがあるのかもしれません。親の過剰期待に過剰適応しながら育てられた結果、思春期になって自我が確立せず、ひきこもりになるだけではなく、両親、特に母親に対しての攻撃が一様に強い子の報告がたくさんありました。育てていく、ということは簡単ではありません。

万が一の事例を紹介するより、大多数の子がうまく生きていけるようにするのが私たちの支援であると考えます。

そのために大切なのは日常生活です。身辺のことがある程度自分でできること、社会に出たら困る問題行動はできるだけ取っておくこと、など基本的なことは、園や小学校期にしなければならないことです。

研修の時、園や学校の先生に「みなさんの担任しているクラス

の子で水泳やサッカーが得意で、将来オリンピックやワールドカップで活躍する子がいるかもしれません。子どもの可能性は無限ですから。しかしそうはいってもかなり難しいことですよね。そして残念ながら、この〈要配慮児〉の子たちが歴史に残る天才になる確率は、その可能性よりさらに難しいことだと思いますよ…」とお話しします。

　夢のような可能性を伝えることは結局親を傷つけます。18歳以後社会に出て、生きていく姿の選択肢をできるだけ広くしておくことが、私たち子どものまわりにいる専門職に課せられていることなのだと思います。

有名な事例にすがりつき、傷ついた親を
たくさん見てきました

好きなことば・好きな場面 7

【わあい、葛きりでござんす】

(時代小説『ぼんくら』より)

　なぜ作家はこんなにも、人の内面を書き分けられるのか、といつも感心します。

　江戸の同心、井筒平四郎が主人公のこの『ぼんくら』には、大人の登場人物に交じってふたりの12歳の少年が登場します。ひとりは平四郎の親戚の弓之助。誰もが振り返る美貌の持ち主なのですが、この弓之助には、特殊技能があって、何でも見ただけで計測できてしまうのです。長さや道のり、丸いものの直径まで。またものの推理も見事で、事件の謎解きの手伝いもします。それからもうひとりは岡っ引きの手伝いをしている〈おでこ〉。この子は人の話したことをテープレコーダーのように頭の中に入れ、再現ができるのです。こう書くとなんだか大人びた少年を思い浮かべるでしょうが、ふたりともそれ以外は、おやつが楽しみなあどけない子どもです。おだんご、栗菓子、冷たい白玉、ところてん…と江戸時代の楽しみが出てきます。なかでも葛きりは、その当時上方から伝わってきたもので、まだものめずらしい貴重なものだったらしいのです。「俺の推理が違っていたら葛きりをおごるよ…」と平四郎に言われ、実際にちがっていたので、喜んだおでこが叫ぶのが冒頭のセリフです。

　『ぼんくら』はひとつひとつの章が完結のようになって、最後にそれが全部つながっているミステリー仕立ての小説です。

　実は、こういう特殊技能を持った子って、私が療育機関に勤務した最初の頃、現実にいたのです。限られた場でしか知られていないこういう子を、なぜこうも活き活きと具体的に、宮部さんが描けるのかが、あまりに見事で不思議でさえあります。

出典：『ぼんくら』宮部みゆき／著　講談社

memo

Part 5

身につけておいてほしい
必要な知識と技術

面談について（1）
～定期的な面談

　これからは面談も技術が要求される時代になります。ソーシャルワークの基本の中から今後、園や学校で応用できるもの、また、応用したほうがいいもの…をいくつか書きます。

■**基本的には定期的に行いましょう**

　何かが起きてから面談を組むのは、親にとっても先生にとってもやや緊張感がともないます。できれば1年に2回など定期的に行うとよいのではないでしょうか。夏休み前と学年の終わりなど（新学期の最初は懇談会のほうが適しているかもしれません）。定期的にしておくと、専門機関への受診をすすめる場合でも、特別に呼び立てする形にならないので、親に緊張感を必要以上に持たせなくてすみます。もちろん何かアクシデントがあって、あるいは親からの要望で面談を設定するということもありますが、その特別な面談は別項で書きます。

■**目的を知らせておきましょう**

　あらかじめ、面談の目的は知らせておきます。こちらからは〈1学期の園での様子を伝える・保護者から家での様子を聞く・その他〉ぐらいでしょうか。また親側からは〈園に聞きたいこと・伝えておきたい子どもの様子・その他〉でしょうか。〈園への要望〉という項目に関しては少し慎重にしたほうがよいかもしれません。なぜなら近年際限なく要望を出し、その通りにならないと批判的になる保護者が多くなってきているからです。〈その他〉と含みを持た

せる方法がよいかもしれません。全員に行う場合、時間は長くて30分ぐらいにし、必ず最初に終わりの時刻は知らせておきましょう。

■面談の前に

面談の前から雰囲気作りははじまっています。〈話題の親密性〉というのがそれにあたります。時間が限られているので、あまり長くはできないのですが、「今日は雨で大変でしたね」とか「それはお母さんが作ったんですか」など天気や持ち物に対しての話題は面談に入る前のウォーミングアップになります。

■声の調子と表情

早すぎず、ゆっくりすぎず、そして表情が大切です。あまりうちとけすぎてもよくないのですが、硬い表情だけは避けたいです。

■話を受け止める方法

まずいわゆる〈励まし〉です。がんばろうね、という意味での励ましではありません。「あなたの言うことを聞いていますよ」というメッセージです。うなずくなどのジェスチャーもありますし、「ええ」「なるほどねえ」「それで」などもあいづちなのですが、実はこのリアクションはとても重要です。うなずきすぎはよくないですし、簡単に共感しすぎるのも信頼感を失います。

またこの〈励まし〉のバリエーションがどのぐらいあるか…ということが面談上手になるポイントです。

■情報を聞く方法

いわゆる〈開かれた質問〉といわれるものが効果的です。つまり少し自由に話していただく場面です。ことばの使い方や表現な

どから相手の様子がわかります。「休日はどう過ごしていますか」などの質問です。しかし定期的な面談の時は、とりとめがなくならないように、〈要約〉といって、間で話を少しまとめてあげることも必要です。

■自己開示は慎重に

親密性を高めようと思って、面談をするこちら側の個人的体験などをすぐ開示してしまう人がいますが、慎重にしたほうがよいと思います。そのことによって、親がかえって苦しくなるのでしたら逆効果です。子育て支援者などが自分の子育て体験ばかり話す場面にも出会います。自己開示は相手が楽になる場合や、相手にとって新しい情報として役立つ場合に限られます。

Point 年2回など定期的に

Point あらかじめ知らせる 〜についての面談を○時〜○時に行います

Point うちとける話題でウォーミングアップ

Point おだやかな声と表情で

Point ナルホド ほどよいあいずち

…などなど

面談での大切なポイントをおさえておく

面談について（2）
～相談を受ける面談

　少し特別な設定の面談があります。たとえば、保護者からの相談を受ける面談です。この場合は定期的な面談以外に日程調整が必要ですし、時間も1時間～1時間半ぐらいにします。これ以上になりそうな時は次の日程を決めましょう（緊急でないのなら2回目は2週間以上はあけたほうがよいでしょう）。

　通常の定期的な面談は教室などを使用することが多いと思いますが、できればこの場合は相談室のような場所があったらそこで、あるいは応接室などでもよいかと思います。

　親の正面ではなく斜めの位置に座ります。それからできれば主任の先生など第三者が入ったほうがよいと思いますが、席はプレッシャーにならないような位置取りがよいと思います。この第三者の人はメモをとりながら同席します。あらかじめ主任の先生などが同席することは親にお伝えしておきましょう。

　p.155で書きましたように、うなずきやことばによる励ましのリアクションが大切です。あまりゆっくりすぎると真剣に聞いていない印象も与えますし、あまりリアクションが大きいと問題を深刻にとらえることになってしまうので、適度なスピードと表情の調節が必要です。また相手の相談内容がとりとめがない時には〈言い換え〉などの意訳も必要です。この意訳がちがった方向に行かないようにするのも、こういった面談のポイントです。親によってはお話し下手の方がいますから「お母さんがおっしゃりたいのはこういうことですか」というようにしてあげるとよいかも

しれません。感情の推察が難しい場合には、決めつけるより「どういう気持ちだったんですか」などと聞いてあげてもよいかと思います。

　しかしなんといっても大切なのは〈新しい情報や見方を導入する方法〉です。カウンセリング（特に非指示療法）という方法はひとつの手法ではありますが、園や学校などでの相談場面ではカウンセリングだけで解決することはあまりありません。なぜなら何かに困って相談に来ている場合が多いからです。単に感情吐露という目的で来ているのなら、その方法も必要ですが、園や学校に面談希望を出す目的はただ聴いてもらうこと、という場合はほとんどありません。専門機関であっても、「あそこはふーんふーんって話は聞いてくれたが何ひとつ助言はいただけなかった」という話を親からよく聞きます。共感することがとにかく大切…と思っている面談者がよくいるのですが、それだけでは相談に来た人には納得がいかないものなのです。

　相談を受ける立場の人は適切な助言や提言ができるように、情報や豊富な知識、実例、関係機関のネットワーク、が必要です。

　またもし相談を受けた先生だけで有効な助言ができなかったり、すぐ適切な判断ができなかったら、「こちらでも調べておきますね」でもよいし「他の先生にも情報を聞いておきますね」でもよいでしょう。おしつけがましくなく「とりあえずこの方法でしばらくやってみましょう。その結果また面談しましょうか」という方法でもよいか、と思います。

　クレームが非常に多い時の面談も、第三者が入ってメモをとりながら行いましょう。特定の先生に対するクレームはその先生以

外の人が対応し、この場合はすぐ同意や決断をせず、感情的にならないで「みんなで検討しておきますね」とたんたんとやりとりすることが大切です。

面談は聴き上手が大切という考えがありますが、それはただ聴くだけ、ということではありません。そのためには実は話し上手ということのほうが大切なのです。詰問調にならず、なめらかに話せる言語能力が必要です。

こちら側の反応が相手に影響力を与えてしまうことも充分に意識し、常に参与観察（自分が面談している場面を、ちがう自分が見ている感じ。自分に対する客観視）を意識しましょう。理論を学んだらあとは上手な人のコピーです。

池上彰さんの著書『伝える力』（PHPビジネス新書）、『わかりやすさの勉強法』（講談社現代新書）なども参考になります。

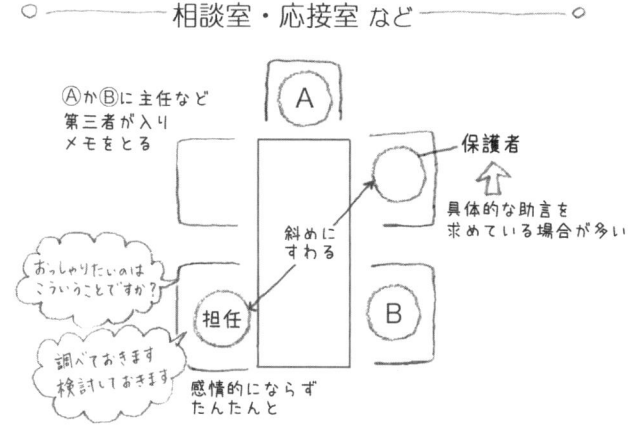

○────── 相談室・応接室 など ──────○

ⒶかⒷに主任など
第三者が入り
メモをとる

保護者
⇧
具体的な助言を
求めている場合が多い

斜めに
すわる

おっしゃりたいのは
こういうことですか？

担任

調べておきます
検討しておきます

感情的にならず
たんたんと

個別の面談には第三者が加わること

グループワークの基本から（1）
～懇談会などのために

　グループワークも目的によって手法は様々です。その中で園や学校で応用できるいくつかの基本について書いてみます。

　グループの持つ力については p.70 で書いた通りです。伝えにくいことはグループで伝えたほうが効果もありますし、伝えやすいのです。福祉的なグループや治療場面におけるデイケアグループなどはあらかじめその集団ダイナミクス（集団での力学のようなもの）を考えてメンバーを構成します。しかしそうするわけにはいかないのが一般の園や学校などでのグループです。つまり懇談会も勉強会もグループワークの手法が応用できるとはいっても、偶発的なメンバーであるだけに難しさがあります。

■メンバーについての理解

　偶発的なメンバーですから、逆にいっそうメンバーのひとりひとりについての理解と判断は必要です。日々の送迎の時のやりとりや、面談や初期の懇談会などを通してひとりひとりについて、意識的に把握しておくことが大切です。前の担任との申し送りなども綿密に行ったほうがよいと思います。

■波長合わせ

　メンバーを把握し、グループワークをやりやすくするための波長合わせが必要です。これは〈チューニング〉といわれるもので専門技術のひとつです。ラジオの周波数を合わせるように、共感的に出会えるよう調整するところから名づけられました。メンバーからのメッセージをまちがいなく受信し、その心情や要求を

敏感に感じ取れるよう準備します。グループワークを主催する人（ここでは、園や学校の先生）の重要な役割なのです。ひとりひとりの情報が基本になります。

ただ園や学校の先生はそれが専門職ではありませんから、こういうこともできる範囲で、でよいと思います。

■雰囲気作り

グループをやわらげる最初の話し出しです。この2〜3分間のトークは雰囲気作りには大切ですし、これからはじまるグループワーク全体に影響があります。ふざけすぎてももちろんだめですが、ちょっとしたユーモアが必要で、それがグループ全体のリラックスにつながるとよいと思います。

■メンバー相互の認知

自己紹介の方法は多様です。園や学校は一般的な場ですから「お子さんの名前とお子さんのチャームポイントもひとことつけ加えてみてください」などという方法でもよいと思います。参考までに書き加えますと、私は療育センターのグループワークではその方法をとりません。「お子さんのお名前と、ここにつながった経過を簡単に自分のことばでいいですからお話ししてみてください」と伝えます。療育センターは誰もがつながりたくて来た場ではありません。ですからこの自己紹介だけでも自分の子の状態（障害など）をどのぐらい受容できているのか、の判断につながります。「自閉症と診断されて…」など診断名まで言える人もいますし、「ちょっとことばが遅れていて…」という言い方をする人もいます。「ほんとうはつながりたくなかった。保健所で言われたから来ているだけ」という発言をする人もいます。いい悪いの判断で

はなくひとりひとりにどのような支援が今必要なのか…のアセスメント（情報収集）にもなります。

■受容的雰囲気

　主催する人が、ひとりひとりの発言にうなずきや表情やちょっとしたことばの返しをし、励ましを与えることで、自由な表現を助けます。この肯定的な小さなフィードバックは人に接する職業では非常に重要です。授業では子どもたちの発言をひとつひとつ大切にフィードバックをされていると思います。子どもに対してはできるけれど大人には難しいという先生方によく出会いますが、ぜひ大人に対しても意識してほしいことです。

グループワークの基本から（2）
～懇談会などのために

◇情報の交換

　開示された情報を丁寧に扱うことはもちろんですが、まちがった情報に関しては訂正の方向に導きます。ここも技術が必要で「そういう場合もありますが…」といったん受け止めて「でも大多数は〜だと思いますよ」などです。

■メンバーの背景・参加意欲・興味関心などへの理解

　会の中での具体的な言動からメンバーひとりひとりの判断を深めることが大切です。これは決して失礼なことではなく、支援のためには必要な判断です。p.86で書きましたように家庭を支援する時には、そのご家庭ができる範囲から支援するべきであるか

らです。
　司会をしていると、なかなかそれができないかもしれませんから、園などで行う時は最初はアシスタントとしてちがうクラスの担任が記録係でひとり入ったほうがよいかもしれません。

■**気持ちを相互に通わせる－仲間意識**
　小さい子がいる母親に、ちがう母親が手伝ってあげたり、持ち物を持ってあげたり、また過去に同じ体験をした母親がその体験を話してあげたり…そういったことが仲間意識を向上させますし、それがグループワークの効果でもあります。そういったことをだんだん引き出せたらよいと思います。

■**メンバーに役割を与える**
　たとえば役員会などでも、順番にお茶の準備やテーブルセッティングなどを行う役割や情報誌を作る係、スケジュール表を作る係など役割があると、つながりが強くなります。でもその場合も、やや不器用なメンバーへ、先生からのフォローなどがさりげなく行われなければなりません。親のグルーピングのために園にサークル（手芸サークルや合唱サークルなど）を置いてくれているところもあります。しかし、現在は親同士ではやりとりが難しい時があるようです。これからは主任の先生などが、ここに書いてあるポイントをもとに側面的に支援してあげたほうが、継続がスムーズになると思います。

■**孤立しがちなメンバー（消極的な人、攻撃的な人）などに対して**
　必ず事前の観察でその人の持ち物など把握しておくことが前提

です。何か説明する時などに、「あっ、そうそう、Aさんの、そのクリアファイル見せてください。こういうのにこれから毎回配る資料を入れておくといいですね。お家の中にあるものなどで工夫してていいですね」などとサンプルに使って気持ちを喚起します。着脱などの印のつけ方を説明する時など、Bさんがすでに印をつけてあったのを見逃さず「Bさんの貸していただけますか。そうそう、こういう位置です」などとサンプルに使用したりします。なかなか自分から意見を言えない人や、何かと攻撃的発言などをする人に、逆にみんなの前で丁寧に添ってあげること…などもグループで効果が出る方法です。

■**各メンバーの問題解決を考える**

グループワークが進んでくると、各メンバー相互の気持ちが通い合います。たとえばあるメンバーの抱える問題に関して、ちがうメンバーからの意見が活かされる時がきます。

「〜してみたらどうかしら」提案
「自分のことのように辛いですよね」共感
「こういうものがありますよ」情報提供
「私の場合こうでした」経験からの提案
「私もこうしてみようと思う」発案　　　　　　な␣どなど。

グループワークは日本ではあまり歴史がありません。しかし日常場面ではこの手法が使えるところが多いのです。職員会議でも使えると思います。〈相手への見極め、瞬時の判断、話術〉などに職人的技術が必要ですが、すぐ身につかなくても日常的に意識することによって向上すると思います。

家庭訪問の重要性

現在、家庭訪問は、学校でも、行われているところと、行われていないところがあります。私が住んでいる横浜市でも学校によってちがいます。なかには希望者だけ…というところもあります（問題を抱えた家庭が希望するかどうかは疑問なので、できれば基本は全員にしたほうがよいと思います）。幼稚園もいろいろです。保育園は共働きの人が多いわけですから、家庭訪問をしているところは少ないです。

しかし、他の行事を削ってでも家庭訪問はしたほうがよいのではないか、と思っています。

それはまず支援にはどうしても家庭の状態の判断が必要だから、ということがあります。何より家族支援でいえば、助言が具体的になります。「あの玄関のシューズボックスにＡちゃんの靴を置く場所を作って、マークなど貼ったらどうでしょう」とか「ランドセルをかけるフックをあの場所に作るといいかもしれませんね」という助言ができます。またその家族ができそうもない助言などを避けることもできます。

しかし最も重要な家庭訪問の役割は〈子どもを守る〉という視点です。現在〈不適切な養育〉いわゆる虐待の問題は非常に大きい問題です。命を落とした子どもの記事がよく新聞に出ますが、実際にはその何倍もの、死ぬ直前ぐらいの虐待が行われています（療育センターに勤務していた時に私も虐待防止委員会のメンバーでした）。近年親権の一時停止などの法律がやっとできまし

たが、問題は年々深刻化しています。虐待には様々なメカニズムがあります。長いスパンで見ると、子育てについて基本が伝えられてこなかった結果であることもひとつの要因であるといえます。つまりその親自身が育つ過程で、心のよりどころがなかったのではないかということからくる必然ともいえるわけです。

　ところで児童福祉法29条に〈立ち入り調査権〉というものがあります。通報があった時に、危険であれば、保護者の了解がなくてもその家に入ることができるもので、児童相談所にしかない役割です（裁判所の書類が必要ですが）。それが横浜市という大都市であっても行使されるのは、年に7、8件という状態なのです。虐待による死亡事件の時も、よくその実行が問われますが、管轄の地域で、年に1回ぐらい…という状態のようです。つまり何かがあってから、保護者の了解なく、その家に入るということは実際はあまりできることではありません。だから家や子どもの状況を把握するためにも、各園や学校にある定例の家庭訪問は必要なのではないかと思います。

　高齢者の介護度を判断するケアマネージャーなどの家庭訪問であれば、間取りまでの把握は必須のことですが、多くの職業はそこまではできません。しかし、その家の状態の把握は必要です。保護者の精神保健上のことは、子どもの安定や安全に大きい影響があるからです。園や学校で行うのは当然予告訪問ですから、家庭訪問に合わせて、部屋の中を片づけた、あわてて掃除した、ぐらいなら逆に健康なのでしょうが、異常な散らかり具合、異常な片づけ具合（何をもってそう判断するかは難しいところですが）などは精神保健状態を把握する重要な要素ともいえます。

Part5 身につけておいてほしい必要な知識と技術

　危険や疑問を感じたら、その地域を見守る保健師さんと連絡をとったほうがよいと思います。p.19〜でも書きましたが保健師さんは家庭訪問を軸に活動しています。地域を見守る保健師さんの活動はこれからますます重要になってきますし、子どもたちが通う園や学校とも密接な連携が必要でしょう。

　把握したことを、他にもらさない守秘義務については職業倫理として当然です。それに加えて機関同士が情報を共有し合うための機関同士の守秘義務をいう考えもあってよいと思います。いずれも子どもを守るという大きな目的のためであることは忘れてはなりません。

個別の家庭の様子がわかり、助言を具体的にする家庭訪問

関係機関のネットワーク作りのために

　文部科学省の提言にもありますが、幼稚園・保育園・小学校においてそれぞれの先生が関係機関のネットワークを作っていかなければならない時代にきています。
　そのためにいくつかのソーシャルワークで使うスキルが役に立つのではないか、と思い、ここにいくつか参考までにあげておきます。

■関係づけスキル
　機関のスタッフ、そのリーダーなどと活動しやすい信頼関係を築くことが大切です。現代は、たとえば不適切な養育、いわゆる虐待防止などの地区ごとの会議や、幼保小連携など様々な会議などが行われています。各機関にいる方々の名前や役割、雰囲気なども含めて人を把握し、自分なりに人のマップを作ることなどが必要です。自己紹介などの時、机を囲んでどの位置にどんな人がいるか図解します。所属や名前だけでなく、どんなことを依頼できそうか判断しながら聞きます。どういう時に何の協力をあおげるか…、など考えながら把握するようにします。人の判断はとても大切です。
　それから何でも相談できる人をひとり、確保しておくことも大切です。たとえば支援の仕方がわからなかったり、どういう部署に相談したらよいか、あるいは医療関係のことなどがわからない時はその人に相談するのです。多分有能な人であれば、どんな相

談を受けても、自分の担当でなくても、それなら＊＊＊というところに連絡して○○さんに相談するとよいと思いますよ…とつなげてくれると思います。福祉保健センターなどには、必ず相談担当の保健師やソーシャルワーカーが所属しているはずです。それからほとんどの病院や医療機関にも医療ケースワーカーがいますから、そういう人に相談してもよいと思います。

■コミュニケーションスキル

　最も大切な〈人とつながりあうための技術〉です。相手を把握してつながる技術です。

　場面や状況に応じてコミュニケーションスタイルやマナーが切り替えられるでしょうか。相手に適応しながら具体的提案ができること、相手に受容されるよう働きかけながら連携がとれることなどが大切です。これはまず人への判断の技術が根底に必要なのですが、相手に合わせる話術や親しみやすさやユーモア、それにともなう表情などがとても大きな要素になります。

■ファシリテートスキル

　促進して活性化していく役割です。相手に対してのうなずきや励ましは、人の言動を左右しますし、前向きに奮起させるものでもあります。

　それからお世話になった機関や人などに対して、御礼とともに、その後どうなったか…などのフィードバックが、できているでしょうか。儀礼的なものではなく、具体的な様子なども含めてお

伝えすることは、お互いの活動の活性化につながります。
　もちろん相手への励ましのことばは特に大切ですし、それにともなう表情も大切です。
　わかりやすい、人を励ます、人を喚起させる表情は、人との連携でも特に大切なのです。「よくよくつきあったらいい人なんですよ」ではなく、初対面から相手を緊張させない表情ができる、ということが人に対する職業には必要です。

こんな自分を目指してほしい

Part 5 身につけておいてほしい必要な知識と技術

園や学校でも参考にしてほしい、社会福祉の世界における〝バイスティックの７つの原則〟

　特別支援教育コーディネーターが各小中学校に置かれることになった 2004 年から、私はその養成研修に加わってきました。そしてその役割が社会福祉におけるソーシャルワーカーの役割に似ていることから、その比較などを研究してきました。

　特別支援教育コーディネーターは教育におけるソーシャルワーカーの役割であるといっても過言ではありません。2004 年からまだ７年しかたっていないのに、各学校にひとりどころか、各教員がその役割を担わなくてはいけない時代がやってきてしまったように思います。またさらに就学前の幼稚園保育園において、各先生が家庭支援を行っていく場合も、ソーシャルワーカーと同じ役割をしなければならないのではないか…と思っています。

　ソーシャルワークをしていく上で中心に据えられている**バイスティックの７つの原則**というものがあります（1957 年に F. バイスティックが全米ソーシャルワーカー協会で原則の整理をしたものですが、50 年たっても揺らぐことのない内容といえます）。この７つの原則が、学校や幼稚園保育園での家庭支援に参考になるのではないか…と思い、わかりやすく解説してみたいと思います。

１. 個別化＜クライアント（対象者のことを言います）とその状況の独自性を認め理解すること＞

　p.81 で書きましたが、教育、保育関係者はその職業柄、家庭に関しては〈一律に〉ということが中心のような感じがします。

また家族・家庭を判断するのは失礼ではないか…という考えもあるようです。しかし子どもは家族・家庭の影響を強く受ける存在です。置かれた背景はそれぞれちがいます。ここまで書いてきたように、その背景を知り、家族の状況を考えて、その家庭に合った支援方法を考えるべきである…ということなのだと思います。バイスティックも「クライアントを個人としてとらえるためには多くのことを理解しなければならない」としています。

2. 意図的な感情表現を大切にする
＜クライアントの感情表現を大切にする＞
　Purposeful が〈意図的な〉と訳されるため、バイスティックの原則の中でも一番わかりにくいような気がするところです。しかし言いかえると相談相手の感情表現を大切にする…という意味なのだと思います。つまり具体的には実際の子どもの状態とちがう言動が保護者から出たとしても、いったんはそれを受け止める…ということだと思います。またそのような感情表現をしやすい場を作っていくことも大切です。

3. 統制された情緒関与
＜援助者は自分の感情を自覚して吟味する＞
　社会福祉、とりわけ障害児者福祉においては、自分の欲求や感情が投影されすぎていないか、吟味を要します。つまり自分の背景にある個人的社会的要因についての自己覚知をすることはとても大切なのです。支援対象へどんな影響を与えることになるのかを考えないといけないからです。

教育・保育においての家庭支援の時もそれはあてはまります。物事を善意に解釈しようとしたり、悪意に解釈してしまったりすることもこれに含まれます。事実を冷静に把握することが大切です。

　教員や大学での授業でプレゼンテーションのレッスンをしました。「映画『おくりびと』（当時かなり有名であったのでこれをテキストに選んだのですが）を観ていない人にも『ああそれ見たいなあ』と思わせる魅力的なプレゼンテーションをしてみてください」という課題です。なんと何人かの人が自分の身内が亡くなった時の体験を思い出し、泣きながらプレゼンテーションをしました。この場合はこれでは困ります。どんな時でも落ち着いて話せるようにならないといけません。自分の経験からの感情で相手に影響力を与えてしまうかもしれないからです。

4．受容の原則＜ありのまま、まず受けとめる＞
　もちろん社会的に逸脱した行動をそのまま容認することではありません。受容とは相手の歴史、個性、生き方を理解しようとすることなのです。福祉でも教育・保育の場でも支援のプロセスで、どうしても親の思いとはちがうサービスの提供をしなくてはならないことがあります。その時にも相手を理解し共感して、お互いにどこまで了解しながら行えるか…ということを常に考えておかなければいけないということなのだと思います。

5．非審判的態度＜クライアントを一方的に非難しない＞
　社会福祉の歴史の最初にはクライアントが〈援助に値する〉か

〈否か〉の審判（自分の責任を果たさないために困窮しているのかどうかの審判）がなされていました。そのためにこの原則が生まれたと思われます。

　現代は家族像も変化し、支援を要する家庭や家族も様々です。背景を判断し、その家庭に合った支援を考えなくてはなりません。前述しましたが、善意に解釈しすぎるのも悪意に解釈しすぎるのもいけません。事実を冷静に把握し、そのうえで、その家に合った支援を考えるのが専門職の仕事です。「あの保護者ったら…」と把握した情報を元に勝手に批判してしまうようでは専門職の仕事とはいえません。

6. 自己決定の原則＜クライアントの自己決定を促して尊重する＞

　最も重要な原則といわれていますが、まちがって使用している専門職（この場合、福祉のみならず、保育・教育関係者）も大勢います。バイスティックの原則をよく読み込むとわかることなのですが、対象の人が自己決定できるだけの必要な資源や情報を提供し、活用できる状態まで支援し、取り組んだ上での自己決定なのです。進路の面談などの時がそうです。考えるための資料や情報もなく自分で決めるよう促したり、逆にある資料を元に一方的にそっちの方向に持っていこうとする専門職がいます。自主性を重んじるように見えますが、羅針盤もなく航海させるようなものです。

　行き先の具体的な情報をどのぐらい提供できるのか、その子どもの状況をどのぐらい具体的に親にわかっていただいているか、などに元づいて、ともに考え行動し、その上での自己決定が大切なのです。

7. 秘密の保持

　倫理綱領にもある、どの職種でもあてはまる守秘義務のことです。その職業の立場で得た情報を漏洩しない…ということです。

　しかしこのことが近年、逆に大きな問題になっています。個人情報を機関同士で共有できないために、支援に支障が出る場合が少なくありません。

　文部科学省の特別支援に関する提言の中にも〈関係機関の有機的連携〉の文言があります。有機的連携とはどのようなことをさすのでしょうか。通り一遍のつながりではなく、ということです。事実に基づいて、結びつきを強くし、お互いに具体的に連携をしながら支援にあたることをいうのだと思います。

　機関同士の守秘義務を考えることが必要なのではないでしょうか。このことに関してのガイドラインを作ろうとしている国もあるようですが、日本ではまだまだ先でしょう。

　しかし多種多様な家族の状態がある現代では、複数の機関が連携して支援にあたらなければならない場合が多いのです。個人情報をむやみに漏洩してはいけないことはもちろんですが、情報を共有し、その家庭にとってのよりよい支援を考えなければなりません。

　特別支援教育はもちろんですが、近年ますます深刻になってきている〈不適切な養育〉…つまり虐待などへの対応などにも〈関係機関の有機的連携〉は非常に重要な事項といえます。

伝えることの難しさ
〜でも伝えていかなければならないのです

　この〈伝える〉ことがこんなに難しい時代になるとは夢にも思っていなかったと思います。

　以前ある地方都市で、福祉保健センターの〈1歳半健診からの具体的支援を考える〉というプロジェクトがあり、依頼されて何回かそこに足を運びました。スタッフや関係者（保健師、保育士など）への理論の講義、実際に福祉保健センターで行われている親子教室の内容などへのコンサルテーションなどを実施しました。そこでは一番行わなくてはならないのに、一番欠けていたのは〈親にわかりやすく生活のしかたを伝える〉ということでした。これはきっとどの都市の取り組みにもいえるのではないでしょうか。

　たとえば私が保育士や教員に研修をしたとして、知識や情報はその人たちには伝わります。しかし、一番重要なことは親にどうわかりやすく伝えるか…ということなのです。また療育センターの専門職も同様で、その治療室・指導室だけで自己完結してしまっている人もいます。子どもは療育センターのそのお部屋だけで一生生きていくわけではありません。それにその専門職の人が一生ついていけるわけではありません。

　そのプロジェクトで最後に私が、シュミレーションの講義をしました。福祉保健センターの親子教室では健診が終わったばかりで、基本的にまだ自分の家の子どもが何なのか、まったくわかっていない親なのです。その人たちに対する勉強会を再現したわけ

です。

　出席した保健師や保育士を母親たちに見立てて、親向けのレジュメを配布し、行いました。障害かもしれない…なんてことばを1回も使わなくても、今日からどう生活していけばいいのか…今自分の家の子どもにどんな特徴があるのか…そして今日からどんなことに取り組めばよいのか…をわかりやすい語彙やトーンを駆使して行いました。かつて何十年にもわたって私が開発しながらやってきた内容です。保健所でこれをやってきた時、これを聴いて母親がどのように感じたか、あとで感想を書いていただいていました（まちがってとらえられると困るからです）。その時のアンケートも名前は伏せて持参して、その時の関係者に見ていただきました。

　p.117でも書きましたが、関係者は驚いたと思います。100％の母親が理解していました。「そうだったのか…そういう育児の工夫をしなければいけない子だったんだ」とか「わがままかと思って叱ってばかりいた」とか、「とりあえずこういうところから取り組みたい」など、すべての母親が書いていました。保健所のグループの目的が「養育意欲を失わせず、育児の工夫ができる親にしていく」ということであるなら、こういう伝え方をしていかなければ伝わりません。また工夫は初期であればあるほどよいのです。治るということではないのですが、難しい子にしないですむからです。生活しやすくなるからです。この勉強会だけでなく20分間ぐらいでできる、ミニ勉強会のパターンもたくさんあります。〈生活のリズムの作り方〉〈食事について〉〈兄弟姉妹児への配慮〉などなど。

ここまで書いてきましたが、発達障害の子の親に対してだけでなく、保育園や幼稚園あるいは学校で、普通の子に対しての子育てのわかりやすい勉強会もどんどんしてほしい…と思っています。〈子どものそばにいる専門職〉が〈伝える技術〉をもっともっと持ってほしいし、伝える場面も作ってほしい…ということなのです。今や普通の子の親にこそ、情報は必要だからです。
　〈伝える技術〉が皆さんにあるかどうかが、子どもを救えるかどうかの鍵になります。
　そのことのためには、今まで以上に人に対する深い洞察が必要です。多様な人生を知ることを意識しましょう。自分ひとりの人生は単調です。本や映画からの学びはこれからはもっと必要になると思います。

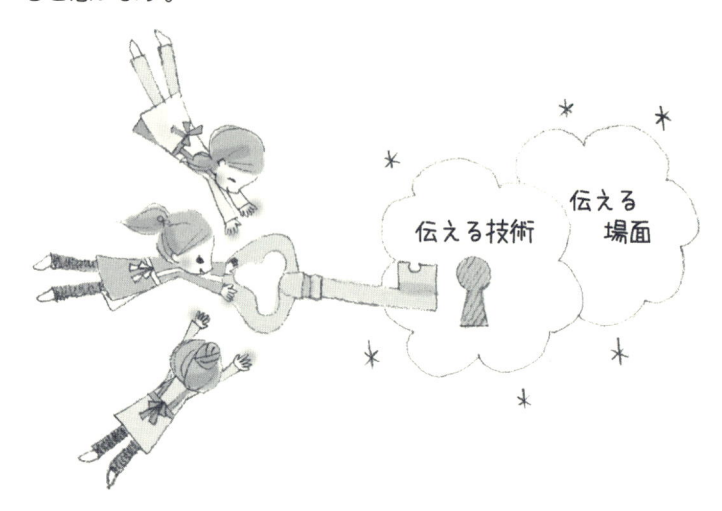

あなた方が鍵となります。
技術を身につけ、場面を作り、親を、子どもを支えましょう！

好きなことば・好きな場面 8

【書くことがなくなったら俺たちのことを書けよ】
(小説・映画『スタンド・バイ・ミー』より)

　勉強もスポーツも優秀だった長男を交通事故で亡くしてしまい、両親はどうしても弟のゴーディを受け容れることができません。好きな小説を書いていると、父親が「くだらないものを書いて」と怒ります。学校をドロップアウトした 4 人が集まる時、ゴーディは物語を仲間に話してあげます。そのリーダー格のクリスは「すごいなあ、お前の頭の中にはこういう物語がいっぱい入っているの？　お前は天才だよ」といつもほめて、楽しみにしてくれているのです。小説をもとにして作られた映画でもクリスの魅力は画面を通して充分伝わってきます。1960 年代のなつかしいオレゴンのいなか町の物語です。

　「でも子どもって親が認めないとだめになっちゃうものなあ」と言ったあとクリスは「親が認めないなら俺が認めてやるよ」「これからも、どんどん書けよ。書くことがなくなったら俺たちのことを書けよ」と励ましてくれるのです。「これを私に言ってくれた時、クリスはたった 12 歳だった」と小説には書いてあります。

　親に認めてもらえずドロップダウンしていくかもしれなかったゴーディは、後年アメリカを代表する作家になりました。そのわかれ道にクリスが立っていてくれたのだと思います。

　私は講義や記事の最後をこれで結ぶことにしています。

　「あなたのクラスには親に受け容れてもらえない、さびしいゴーディがいると思います。その子にとって、あなたはクリスになれますか？　クリスになってくださいね」と。

出典:『スタンド・バイ・ミー』スティーブン・キング／著
　　　山田順子／訳　新潮文庫
映画「スタンド・バイ・ミー」　ロブ・ライナー／監督
1986 年　アメリカ　ソニー・ピクチャーズ／配給

HD デジタル・リマスター版／発売・販売／
ソニー・ピクチャーズ エンタテインメント
©1986 COLUMBIA PICTURES INDUSTRIES, INC. ALL RIGHTS RESERVED.

思いがけない育児の日々　～あとがきにかえて

　あの頃のことを思い出すと今でも胸が痛くなります。2010年秋、娘が第2子を妊娠したとたんの体の変調で、突然、絶対安静の状態になってしまったのです。当時3歳半の男の子の育児が私に全面的に任されることになってしまいました。子の父親である娘婿は不規則勤務のため、時間的に主力になれない面があったからです。共働きの娘夫婦のために、自分の仕事を持ちながら、それまでもサポートはしていました。そばに住んでいるので何かと祖母としての出番も多かった私なのですが、24時間命を預かるということは60歳を越えてからの身では、身体的にも精神的にも大変でした。短期記憶が壊れはじめている年齢で、毎朝保育園のセットをそろえるだけでも一苦労。仕事の調整はもちろんのこと、研究の時間を確保することもままならず、加えていくつかの出版社から依頼された執筆がありました。子どもが見えているところでパソコンの作業はまったくできないことを身を持って体験し、子育てしながら作品を書く作家の人たちの、なみなみならない努力をはじめて知った次第です。仕事の時はいつ

も食事の献立が頭に浮かび、家事育児の時間は仕事の段取りがいつも頭の中にありました。地方の仕事の時には子連れ旅芸人のように２泊３日、孫を連れて行きました。キャンセルされるよりいいから…と先方の保育士さんが別の場所で交替でみてくれました。

　土日や年末年始などの連休は、まったく仕事はできません。室内の遊びだけでは10時までが限界で、「森に行こうよ」のことばで毎日外に散歩に行っていました。秋から冬へ、木の実拾い（ものすごい量のどんぐりがたまりました）や、たこあげ（私は達人になりました）の季節が過ぎ、つくしんぼをたくさん見つけ、桜の季節が終わり、新緑がまぶしい季節に、ようやく娘は第２子である女の子を産むことができました。幸い健康で順調な赤ちゃんでした。

　今では「お母さん、大好き」と母親にしがみつく孫を見ると、あの期間、泣き騒ぎもせず、どのように自分をコントロールしてきたのか…と胸が痛みます。

　30年ぶりにみっちり小さい子の子育てを体験し、自分が完全に保護者となってみると、子育てについてあらためて考えさせられることがたくさんありました。また、一保護者になると見えてくる、今の保護者の姿にも感じることがいっぱいありました。

その頃、鈴木出版から〈家族支援〉についての執筆依頼を受けました。
　多忙というだけではなく、このことについては文に書けないことも多く、長い間、迷いました。しかし結局お引き受けすることにしました。
　職業的に何百という園や学校を訪問してきた私ですし、何千という家族に出会ってきた私が、また一保護者の視点も持ちながら書くことは（非常に僭越ですが）、必然だったのかもしれない…と今は思っています。

　私のように、乳児期から小学校期まで具体的に職種横断的に関わる仕事をする人も、システムもなかなかないと思います。その私から見て、子どもをめぐる環境はますます危機の様相を極めます。
　特に就学前が以前にも増して重要であることは本文にも書いた通りです。
　たくさんの仕事を抱えながらの先生方に、さらに重い役割を伝えるのは心苦しいのですが、ぜひ子どもたちのために家族・家庭への発信をお願いします。これは私が常々書いてきたことですが、子どもたちはやがて大人になるのですから。子どもたちの未来は先生方に託されているのですから。

本文中、例にあげさせていただいた園の方々、ご快諾くださいましたことに、心より感謝申し上げます。
　今回も、イラストはyukimilkさんに、表紙のデザインはアルファデザインの森近恵子さんにお願いしました。可愛いイラストを描いていただき、私の希望を入れた素敵なデザインをしてくださって、ほんとうに嬉しく思っています。ありがとうございました。
　そしてこの企画をいただいた最初から、私を励まし、この本を世に出してくださった鈴木出版の山縣さん、ありがとうございました。

　また、今回、孫を預ける一保護者となって、辛い時、不安な時も、保育士さんたちが子どものことを第一に思って対応してくださる、そのことばや姿にどんなに励まされたことでしょう。子どもも、そして私自身の仕事も人生も応援していただいた気がします。
　子どものまわりにいるすべての先生方に、深い感謝を捧げたいと思います。

上原　文

Profile

上原 文(うえはら ふみ)

1950年生まれ。精神保健福祉士。日本福祉大学社会福祉学部卒、横浜国立大学大学院教育学研究科修士課程修了。小児療育相談センター(横浜市)福祉相談室室長、横浜市中部・東部地域療育センター福祉相談室室長、いずれもソーシャルワーカーとして勤務。現在、日本データ(株)社会福祉研究所副所長・教育福祉研究室室長、神奈川県立保健福祉大学非常勤講師。幼稚園教諭・保育園保育士・小学校教諭に研修とコンサルテーションを実施している。
家での気分転換は、インテリアを考えたり、キルトで作品を作ること。読書や映画鑑賞の範囲も多岐にわたり、つねに新鮮な気持ちで何事にものぞんでいる。

■主な著書
『あなたのクラスの気になるあの子』鈴木出版
『「気になる子」にどう対応すればいい?』世界文化社
『私のソーシャルワーカー論～理論を実践に』おうふう
『ソーシャルワーカーの仕事と生活』(共著)学陽書房

イラスト　yukimilk
カバーデザイン　森近惠子
(アルファデザイン)
編集　山縣敦子

鈴木出版ホームページ
◆ http://www.suzuki-syuppan.co.jp/

ほんとうの家族支援とは　子どものまわりにいるすべての先生方へ

2012年 5月20日　初版第1刷発行
2015年 2月 5日　初版第2刷発行

著　者　上原　文
発行人　鈴木雄善
発行所　鈴木出版株式会社
　　　　東京都文京区本駒込 6-4-21 〒113-0021
　　　　TEL.03-3945-6611　FAX.03-3945-6616
　　　　振替　00110-0-34090
印刷所　図書印刷株式会社

Ⓒ F.Uehara, Printed in Japan 2012　ISBN978-4-7902-7234-2　C0037
乱丁、落丁本は送料小社負担でお取り替え致します。定価はカバーに表示してあります。
本書を無断で複写(コピー)、転載することは、著作権法上認められている場合を除き、禁じられています。